高等职业教育法律类专业新形态系列教材

司法机关人民警察概论

主　编◎吴新民
撰稿人◎吴新民　李和翰　叶斌华
　　　　李　森　周立民

中国政法大学出版社

2023·北京

声　明　　1. 版权所有，侵权必究。

　　　　　2. 如有缺页、倒装问题，由出版社负责退换。

图书在版编目（CIP）数据

司法机关人民警察概论/吴新民主编. —北京：中国政法大学出版社，2023.7
ISBN 978-7-5764-0989-5

Ⅰ.①司…　Ⅱ.①吴…　Ⅲ.①司法－警察－概论－中国　Ⅳ.①D926.174

中国版本图书馆CIP数据核字(2023)第130372号

出 版 者	中国政法大学出版社	
地　　址	北京市海淀区西土城路 25 号	
邮　　箱	fadapress@163.com	
网　　址	http://www.cuplpress.com （网络实名：中国政法大学出版社）	
电　　话	010-58908435(第一编辑部) 58908334(邮购部)	
承　　印	北京中科印刷有限公司	
开　　本	787mm×1092mm　1/16	
印　　张	8.5	
字　　数	176 千字	
版　　次	2023 年 7 月第 1 版	
印　　次	2023 年 7 月第 1 次印刷	
印　　数	1~5000 册	
定　　价	39.00 元	

编写说明

本教材是司法职业教育"刑事执行"专业群平台课程《司法机关人民警察概论》的试用教材，主要介绍司法机关人民警察性质、职责、职权、组织管理和素质、道德、队伍建设等基本知识，为学生进一步学习相关专业课程奠定必要的认知基础。本书是在国家职业教育资源库课程《监狱人民警察概论》的基础上，为适应司法职业教育"双高"建设平台课程建设的需要而编写的，是"刑事执行"专业群的监狱人民警察、行政执行专业的戒毒人民警察和司法警务专业的司法警察三方面内容的整合，体现了"必需、适用、简洁、综合"的专业平台课程特点。

本次编写的《司法机关人民警察概论》根据党的二十大精神对课程内容进行了一些探索与创新。

第一，加入了习近平法治思想的相关内容，贯彻习总书记对政法队伍建设的指示精神，把习总书记在给警察授警旗时的训词精神编入司法机关人民警察职业道德规范和队伍建设。

第二，本书根据刑事执行专业、行政执行专业和司法警务专业的人才培养要求，把监狱人民警察、戒毒人民警察、法院和检察院的司法警察的概念整合为与公安机关人民警察和国家安全机关人民警察并列的司法机关（司法行政机关和司法机关）人民警察的概念；从职责与职权、义务和纪律、组织管理、警务保障、法律责任、执法监督、职业道德、队伍建设等方面重新整合监狱人民警察、戒毒人民警察、法院和检察院的司法警察三类职业的共性知识和基本要求，分析了三类警察的工作性质和任务特点，为学生将来从事相关工作奠定基础。

第三，本书根据司法职业教育教学特点，紧密联系工作实践，以培养执法素养和执法能力为目标，设计学习单元和学习任务，除了注重基础性和理论性外，还重点强调实践性。因此，每一学习单元都安排了案例分析材料，配备了案例讨论内容，以实现理论与实践相结合的课程教学思路。

本教材主编吴新民负责教材策划、大纲拟定和全书的统稿。编写人员具体分工如下：

吴新民 学习单元一、八、十

李和翰 学习单元二、三、六、七
叶斌华 学习单元二、四
李森 学习单元五
周立民 学习单元九

  本书编写过程中参阅和借鉴了相关教材、学术著作和有关部门的宣传资讯，在此向原作者致以衷心感谢。本书已纳入浙江警官职业学院系列教材出版计划，中国政法大学出版社对本书的出版给予了大力支持，在此一并表示谢意。由于本书是对司法职业教育平台课程新编教材的探索性尝试，编写者水平和经验有限，难免有错误和疏漏之处，敬请读者谅解和指正。

编　者

2023 年 4 月 25 日

目 录

学习单元一   **司法机关人民警察的性质、任务** / 1
    学习任务一   司法机关人民警察的性质 / 1
    学习任务二   司法机关人民警察的任务 / 5

学习单元二   **司法机关人民警察的职责与职权** / 11
    学习任务一   司法机关人民警察的职责 / 11
    学习任务二   司法机关人民警察的职权 / 17

学习单元三   **司法机关人民警察的义务和纪律** / 23
    学习任务一   司法机关人民警察的义务 / 23
    学习任务二   司法机关人民警察的纪律 / 25
    学习任务三   司法机关人民警察的警容风纪 / 28

学习单元四   **司法机关人民警察的组织管理** / 30
    学习任务一   司法机关人民警察组织机构与职务序列 / 30
    学习任务二   司法机关人民警察的警衔管理 / 36
    学习任务三   司法机关人民警察的录用 / 42
    学习任务四   司法机关人民警察的奖惩与考核 / 48

学习单元五   **司法机关人民警察的警务保障** / 52
    学习任务一   司法机关人民警察的警务保障概述 / 52
    学习任务二   司法机关人民警察的法律保障 / 53

学习任务三　司法机关人民警察的社会保障 / 57
学习任务四　司法机关人民警察的后勤生活保障 / 60

学习单元六　司法机关人民警察的法律责任 / 66
学习任务一　司法机关人民警察的行政法律责任 / 67
学习任务二　司法机关人民警察的刑事法律责任 / 68
学习任务三　司法机关人民警察的侵权赔偿责任 / 71

学习单元七　司法机关人民警察的执法监督 / 74
学习任务一　司法机关人民警察执法监督概述 / 74
学习任务二　司法机关人民警察执法的外部监督 / 75
学习任务三　司法机关人民警察执法的内部监督 / 78

学习单元八　司法机关人民警察的职业道德 / 80
学习任务一　司法机关人民警察职业道德概述 / 80
学习任务二　司法机关人民警察职业道德的内容 / 83
学习任务三　司法机关人民警察职业道德修养 / 88

学习单元九　司法机关人民警察的心理素质 / 93
学习任务一　司法机关人民警察应具备的心理素质 / 93
学习任务二　司法机关人民警察心理问题及调适方法 / 96
学习任务三　防疫期间司法机关人民警察的自我心理防护 / 101

学习单元十　司法机关人民警察的队伍建设 / 105
学习任务一　司法机关人民警察队伍建设概述 / 105
学习任务二　司法机关人民警察队伍建设的要求 / 111
学习任务三　司法机关人民警察领导班子建设 / 120
学习任务四　司法机关人民警察基层建设 / 123

参考文献　/ 128

学习单元一　司法机关人民警察的性质、任务

学习目标：
1. 掌握司法机关人民警察的概念。
2. 掌握司法机关人民警察的性质和法律地位。
3. 了解人民警察的共同任务，掌握司法机关人民警察的具体任务。

学习任务一　司法机关人民警察的性质

一、司法机关人民警察的概念

警察是国家机器的重要组成部分，是统治阶级维护统治的重要工具。现代意义的警察是根据国家的宪法和法律设置的，是维护国家安全和社会秩序、惩治违法犯罪活动的专门力量。警察是指具有武装性质、维护国家安全和社会秩序，在警察机关中行使警察职权、履行警察职责的国家公职人员，其行为具有国家强制力的特点。

随着社会的发展，警察任务日益复杂，分工分类越来越细。《人民警察法》[1]第2条第2款规定："人民警察包括公安机关、国家安全机关、监狱、劳动教养管理机关[2]的人民警察和人民法院、人民检察院的司法警察。"根据《人民警察法》的这一规定，人民警察除了公安机关和国家安全机关的人民警察外，还包括监狱、劳教（戒毒）等司法行政机关和法院、检察院等司法机关的人民警察。我们把司法行政机关（监狱机关、强制隔离戒毒机关）、审判机关（法院）、检察机关（检察院）的人民警察统称为司法机关人民警察。这里，我们没有使用司法警察这一概念，是因为我国司法警察这一概念在《人民警察法》规定中，仅指法院和检察院的警察。

二、司法机关人民警察的政治属性

（一）司法机关人民警察是国家政权的重要组织部分

在阶级社会中，警察同军队等其他国家机器一样都是维护统治阶级政治统治的工

---

[1] 本书法律名称中皆省略"中华人民共和国"字样。
[2] 劳动教养制度已于2013年废止，原劳动教养机关现已改成强制隔离戒毒机关。

具，是建立在该社会经济基础之上并为经济基础服务的上层建筑。司法机关人民警察作为各类警察之一，其政治性体现为阶级属性，忠实地执行统治阶级的国家意志，执行国家的法律，是按照统治阶级的意志和利益，依靠暴力、强制和特殊手段维护国家安全和社会秩序的武装性质的治安行政力量和司法力量。现阶段，司法机关人民警察是人民民主专政的重要工具，起着保护人民民主制度，保护人民利益，对危害国家安全、危害人民利益的敌对势力、敌对分子实行专政的作用。

（二）司法机关人民警察的宗旨是全心全意为人民服务

我国政权是人民当家作主的政权，司法机关人民警察的政治性体现在为人民服务的宗旨上。人民是国家的主人，国家的一切权力属于人民。司法机关人民警察的权力归根结底是人民赋予的，司法机关人民警察执行人民的意志，维护人民的利益，是人民的公仆和忠诚卫士。资本主义国家警察是为资产阶级服务的，为了缓和同人民之间的矛盾，他们也要做一些为公众服务的行为，但这仅仅是统治手段和策略，本质还是维护资产阶级的政治统治，与我国司法机关人民警察全心全意为人民服务的宗旨有着本质的区别。

三、司法机关人民警察的法律属性

司法机关人民警察的法律性质，就是由法律法规规定的司法机关人民警察行使法定职权、履行法律责任中的法律定位。总体来说，根据宪法和法律，司法机关人民警察与公安机关人民警察、国家安全机关人民警察一样，都是国家安全、社会秩序的维护者。具体来说，各司法机关的人民警察法定职权、职责有分工，又有各自具体的法律定位。

（一）监狱机关人民警察的法律性质

《监狱法》第2条规定："监狱是国家的刑罚执行机关。依照刑法和刑事诉讼法的规定，被判处死刑缓期二年执行、无期徒刑、有期徒刑的罪犯，在监狱内执行刑罚。"《监狱法》第5条规定："监狱的人民警察依法管理监狱、执行刑罚、对罪犯进行教育改造等活动，受法律保护。"

1. 监狱机关人民警察是国家刑罚权的主要执行者。刑罚权是国家对于犯罪者实行刑罚惩罚的国家权力。刑罚权的内容又可细分为制刑权、求刑权、量刑权与行刑权。制刑权是国家立法机关在刑事立法中创制刑罚的权力，由全国人民代表大会及其常务委员会行使，主要体现在确定刑罚种类、建立刑罚体系，以及确立具体罪名的法定刑。求刑权是指对犯罪人提起刑事诉讼的权力，由检察院行使。量刑权是根据法律的规定确定对犯罪人科处何种刑罚（包括刑种和轻重）的权力，由法院行使。行刑权是特定机关将法院对犯罪人判处的刑罚付诸现实执行的权力。

依照《刑法》《刑事诉讼法》的相关规定，被判处死刑缓期二年执行、无期徒刑、有期徒刑的罪犯，在监狱内执行刑罚。由于现实中犯罪人被判处以上三种刑罚的占绝大多数（其他如管制、剥夺政治权利由社区矫正机构执行，罚金、没收财产、死刑由法院执行，拘役由公安机关执行），可以说监狱机关人民警察是国家刑罚权的主要执行者。

2. 监狱机关人民警察是监狱狱政的管理者。狱政管理是监狱对服刑罪犯执行刑罚过程中所实施的行政管理活动，是刑罚执行工作的重要组成部分，贯穿于罪犯服刑生活的全过程，渗透到监狱工作的各个方面。监狱人民警察是监狱内部行刑事务的管理者，通过对罪犯实施监管、警戒和各种行政管理活动，剥夺罪犯的人身自由，强制罪犯遵纪守法，保障刑罚正确执行。

3. 监狱机关人民警察是服刑罪犯的改造者。《刑法》和《监狱法》总结了我国多年来监狱改造工作经验，明确提出了"惩罚与改造相结合，以改造人为宗旨"的监狱工作方针，并规定：被判处有期徒刑、无期徒刑的罪犯在监狱服刑期间，凡有劳动能力的，都必须参加劳动，接受教育和改造。监狱根据罪犯的个人情况组织了各种劳动、教育、文化活动，努力把罪犯改造成为守法公民。

（二）强制隔离戒毒机关人民警察的法律性质

《戒毒条例》第4条规定，设区的市级以上地方人民政府司法行政部门负责管理司法行政部门的强制隔离戒毒场所、戒毒康复场所，对社区戒毒、社区康复工作提供指导和支持。2013年，第十二届全国人大常委会第六次会议通过《全国人民代表大会常务委员会关于废止有关劳动教养法律规定的决定》，原各级劳动教养机关多改制为强制隔离戒毒所。司法部《司法行政机关强制隔离戒毒工作规定》进一步规范了司法行政机关的强制隔离戒毒工作。相应地，原劳动教养机关的人民警察更名为强制隔离戒毒机关的人民警察。根据戒毒工作相关法律法规，强制隔离戒毒机关人民警察具有以下性质：

1. 强制隔离戒毒场所的戒毒管理者。强制隔离戒毒机关人民警察的工作对象是强制隔离戒毒人员，他们往往毒瘾大，自行戒毒难，其毒瘾发作又会给社会、家族和本人带来伤害。强制隔离戒毒机关的人民警察正是对这样的一群人实行强制管理，约束他们的活动范围，规范他们的日常行为，防范、控制他们的危险行为，确保强制隔离戒毒场所安全稳定的专门力量。

2. 强制隔离戒毒人员的戒毒治疗者。《戒毒条例》第29条规定，强制隔离戒毒场所应当配备设施设备及必要的管理人员，依法为强制隔离戒毒人员提供科学规范的戒毒治疗、心理治疗、身体康复训练等。《司法行政机关强制隔离戒毒工作规定》第34条也规定，强制隔离戒毒所应当根据戒毒人员吸食、注射毒品的种类、成瘾程度和戒断症状等进行有针对性的生理治疗、心理治疗和身体康复训练。可见，强制隔离戒毒机关人民警察作为强制隔离戒毒人员的治疗者，其工作内容不仅限于生理治疗，还包括心理治疗和康复训练。

3. 强制隔离戒毒人员的康复训练的组织者、教育者。为了巩固对强制隔离戒毒人员的治疗效果，强制隔离戒毒机关人民警察的日常工作还有一个重要的组成部分，就是组织强制隔离戒毒人员进行各种康复训练活动，并开展卫生、道德、法制教育，开展职业技能培训。

（三）法院人民警察的法律性质

1. 法院的司法警察是维护检察秩序和审判秩序的重要工具之一。任何国家要实现其政治统治，就需要建立有力的政治工具来保障其政权机关能正常行使职权、履行职责、发挥作用。人民法院是国家审判机关，审判权是国家重要的权力，国家设立专门的警察机构和警务人员——司法警察，特别为审判机关履行司法审判这一国家职能提供保障。人民法院司法警察通过行使职权，运用法律手段预防、制止和惩治妨碍审判活动的违法犯罪行为，维护审判秩序，从而保护人民的生命财产和民主自由权利，巩固国家政权的稳定和发展。

2. 法院的司法警察是武装性质的司法行政执法力量。人民法院和人民检察院的司法警察实行半军事化的、双重领导体制下的编队管理模式，依法使用警戒具和警用武器及各种强制性设施等物质技术条件，运用强制手段制服各类妨碍审判活动和执行活动的违法犯罪分子，具有明显的武装性质。人民法院司法警察属于国家公务人员，代表国家依法履行审判场所安全管理职能及执行死刑等刑事执法职能，维护审判秩序，实现法律裁判。

（四）检察院人民警察的法律性质

人民检察院的人民警察是国家检察机关中具有武装性质的，依法行使国家警察权力，保障人民检察院行使检察权、履行检察职能的国家司法行政执法力量。人民检察院的司法警察的性质主要表现在：它是一个独立的警种，是人民检察院的法定组成部分，是保障人民检察院行使检察权、履行检察职能的执法力量。

四、司法机关人民警察的武装性质

警察是统治阶级意志的维护者和执行者，其主要任务之一就是同危害国家安全和社会秩序的敌对势力和犯罪分子作斗争。这种斗争表现为激烈的暴力冲突，所以警察在履行职责过程中，具有明显的对抗性。警察的武装性质表现为警察的暴力作用，是以暴力维护国家的政治统治，是党和人民的"刀把子"。司法机关人民警察和公安机关、国家安全机关人民警察一样，为了维护国家安全、社会秩序，配有武器警械，拥有多种强制手段。毛泽东同志说："军队、警察、法庭等国家机器，是阶级压迫阶级的工具。对于敌对的阶级，它是压迫的工具，它是暴力，并不是什么'仁慈'的东西。"[1]

---

[1]《毛泽东选集》第4卷，人民出版社1991年版，第1413页。

司法机关人民警察的武装性质，就是司法机关人民警察在行使职权、履行职责的过程中，按照国家的法律规定，可以使用强制手段，可以依法使用警械和武器，达到维护法律尊严、维护国家、社会安全的目的。司法机关人民警察按照国家规律规定配备武器和警械，统一着制式服装；实行军事化的管理和训练；具有集中统一的指挥系统和快速机动反应能力的战斗体制，并拥有一定的武装斗争的手段。

学习任务二　司法机关人民警察的任务

司法机关人民警察是人民警察重要的组成部分，《人民警察法》中规定的人民警察任务，是警察的宏观价值，适用于所有警种。另外，人民警察各个警种的工作职责分工有别，又有各自的具体任务要求。

一、人民警察的任务

人民警察的任务，是党和国家根据人民警察性质和职能确定的人民警察工作要达到的宏观目标价值。《人民警察法》第2条第1款规定："人民警察的任务是维护国家安全，维护社会治安秩序，保护公民的人身安全、人身自由和合法财产，保护公共财产，预防、制止和惩治违法犯罪活动。"

（一）维护国家安全

维护国家安全是指维护国家主权和领土不受侵犯和分裂，维护国家政权和国家基本制度不受破坏，维护人民的政权不受颠覆。维护国家安全的任务除由军队承担外，许多国家还把这项任务规定为警察的重要任务。我国历来都把维护国家安全作为人民警察的基本任务之一。进入新时代，国家安全形势更加复杂，外国敌对势力采取"和平演变"等各种战略对我国进行渗透、破坏和颠覆活动，国内一些不满人民政权的犯罪分子也与境外敌对势力相勾结，妄图推翻我国的社会主义制度。人民警察维护国家安全的具体要求有四个方面：一是积极防范危害国家安全的违法犯罪行为的发生；二是及时发现和制止危害国家安全的违法和犯罪行为，将其扼杀在萌芽状态，以避免造成危害国家安全的严重后果；三是坚决打击和惩治危害国家安全的违法犯罪分子，使他们得到应有的惩罚，以警戒其他不法分子；四是坚持总体国家安全观，坚决捍卫以政权安全、制度安全为核心的国家政治安全，全力防范化解政治风险、金融风险、社会风险、公共安全风险。

（二）维护社会秩序

良好的社会秩序是进行社会主义现代化建设的前提和保证。因此，维护社会秩序是人民警察的重要任务。具体包括三个方面要求：一是积极防范和制止危害社会秩序的违法犯罪行为；二是坚决惩治危害社会秩序的违法犯罪分子；三是依法进行维护社会秩序的行政管理，构建良好、和谐的社会环境。

（三）保护公民人身安全、人身自由

保护公民的人身安全，就是保护公民的生命权、健康权不受侵犯。按照《宪法》的规定，保护公民的人身自由，就是保护公民的人身自由、人格尊严、住宅、通信自由和通信秘密不受侵犯。人民警察保护公民人身安全、人身自由包括以下两个方面：一是依法惩治故意杀人、伤害、抢劫、绑架、强奸等侵犯公民人身权利的违法犯罪活动，坚决打击和制止侵害公民人身自由的违法犯罪行为；二是当出现其他危及公民人身安全的情况时，如自然灾害、社会危机，人民警察应当挺身而出，全力保护公民的人身安全和自由。

（四）保护公共财产和公民的合法财产

公共财产，是指国家和集体的财产，包括公共设施、国有企业、国家机关和事业单位的财产和其他集体组织所有的财产。公民的合法财产，是指公民依法取得、占有的受法律保护的财产，包括公民的合法收入、储蓄、房屋和其他合法财产。人民警察保护公共财产和公民的合法财产，包括两个方面：一是依法打击各种经济犯罪活动，预防、制止非法侵害、毁损公共财产和公民合法财产的不法行为；二是当发生自然灾害，公共财产和公民合法财产面临危险时，人民警察应当积极参加抢险救灾工作，保护公共财产和公民合法财产的安全。

（五）预防、制止和惩治违法犯罪

对于人民警察来说，预防违法犯罪，就是依法警诫社会上那些进行违法犯罪活动的人员，使其不敢以身试法，从而达到预防犯罪的目的。人民警察制止违法犯罪活动，就是对现行的违法犯罪人员，依法采取强制措施，制止其继续实施违法犯罪的行为。人民警察惩治违法犯罪活动，是对事实清楚、证据充分的违法犯罪人员依照法定程序追究法律责任的行为。人民警察在预防、制止和惩治违法犯罪的具体过程中，要做好以下三个方面：一是大力进行法治宣传教育，落实各项治安防范措施；二是利用灵敏的信息沟通渠道和快速反应能力，果断制止正在发生的违法犯罪活动；三是通过依法查证违法犯罪事实，严肃执行刑事处罚和行政处罚，依法教育改造违法犯罪人员。

二、司法机关人民警察的具体任务

司法机关人民警察的具体任务是指依法确定的，在司法机关人民警察管辖范围内所承担的工作内容和必须达到的目标要求。

（一）监狱机关人民警察的具体任务

1. 依法管理监狱。监狱人民警察依法管理监狱，就是依照法律法规，对监狱的人、财、物等各项事物进行管理的活动。这项任务的具体内容有三个方面：一是依法管理罪犯；二是依法管理监狱的土地、资源和财产；三是依法管理监狱机关和监狱人民警察。

2. 依法执行刑罚。监狱人民警察执行刑罚就是将人民法院生效的刑事判决所确定的刑罚内容（监禁刑）予以实施的活动。刑罚是统治阶级惩罚罪犯的一种强制方法，正确执行刑罚是监狱人民警察的根本任务，执行刑罚的过程是从罪犯收监到罪犯释放的全过程，目的是将罪犯改造成为守法公民。具体内容有：①依照法定条件和程序将罪犯收监；②正确处理罪犯提出的申诉、控告和检举；③依照法定条件和程序对罪犯提出减刑、假释建议和暂予监外执行；④依照法定条件和程序释放罪犯，协助做好释放人员的安置工作。

3. 依法惩罚罪犯。监狱机关人民警察对罪犯的惩罚，是指对被判处监禁刑的罪犯依法监禁关押，限制其一定的人身自由和进行强制改造。只有通过对犯罪分子实施惩罚，才能使罪犯与社会隔离，切断犯罪诱因的刺激，使其失去在社会上继续犯罪的条件；才能使罪犯亲身感受到法律的威严。这一任务表现在：依法将罪犯监禁起来，剥夺自由，限制行为，将其与社会隔离开来；剥夺或停止罪犯的部分权利；严厉打击再次犯罪的犯罪分子。

4. 依法改造罪犯。我国监狱工作坚持惩罚与改造相结合、以改造人为宗旨，把罪犯改造成为守法公民是监狱工作的根本目的。对罪犯实施惩罚，并不是为了报复罪犯，而是在惩罚的前提下，通过必要的手段，消除其犯罪思想，矫正其恶习，使其重新做人。监狱人民警察不仅要对罪犯进行监管，还要对罪犯进行思想教育、文化教育和技术教育，使其成为守法公民。

对罪犯改造的手段包括三个方面：一是监管改造，强制其服从监管，遵守监规纪律；二是教育改造，对其进行道德、法制、文化、技术教育，使其转变思想，更新观念，提高文化素质；三是劳动改造，通过要求其参加劳动，净化思想、矫正恶习，帮助其确立正确的劳动观念，养成良好的劳动习惯，学会生产技能，掌握谋生本领。进入中国特色社会主义新时代，监狱人民警察正在积极探索政治改造、心理矫治、文化改造等新的形式和方法，提升改造的系统性、针对性和科学性。

（二）强制隔离戒毒机关人民警察的具体任务

1. 依法管理强制隔离戒毒人员。《禁毒法》第44条规定，强制隔离戒毒场所应当根据戒毒人员的性别、年龄、患病等情况，对戒毒人员实行分别管理。强制隔离戒毒场所对有严重残疾或者疾病的戒毒人员，应当给予必要的看护和治疗；对患有传染病的戒毒人员，应当依法采取必要的隔离、治疗措施；对可能发生自伤、自残等情形的戒毒人员，可以采取相应的保护性约束措施。根据《戒毒条例》相关规定，强制隔离戒毒机关人民警察根据其戒毒期间的表现和治疗的不同阶段，对强制隔离戒毒人员实行逐步适应社会的分级管理。

2. 对强制隔离戒毒人员开展戒毒治疗。根据《戒毒条例》相关规定，强制隔离戒毒机关人民警察根据强制隔离戒毒人员的性别、年龄、患病等情况对强制隔离戒毒人员实行分别管理；对吸食不同种类毒品的，应当有针对性地采取必要的治疗措施。对戒毒人员进行戒毒治疗，应当采用科学、规范的诊疗技术和方法，使用符合国家有关规定的药物、医疗器械。戒毒治疗使用的麻醉药品和精神药品应当按照规定申请购买并严格管理，使用时须由具有麻醉药品、精神药品处方权的医师按照有关技术规范开具处方。

3. 对强制隔离戒毒人员进行康复训练和教育。《戒毒条例》第29条规定，强制隔离戒毒场所应当配备设施设备及必要的管理人员，依法为强制隔离戒毒人员提供科学规范的戒毒治疗、心理治疗、身体康复训练和卫生、道德、法制教育，开展职业技能培训。戒毒人民警察可以通过组织体育锻炼、娱乐活动、生活技能培训等方式对戒毒人员进行身体康复训练，帮助戒毒人员恢复身体机能、增强体能。根据戒毒的需要，戒毒人民警察还可以组织有劳动能力的戒毒人员参加必要的生产劳动。

（三）法院人民警察的具体任务

人民法院司法警察的任务是预防、制止和惩治妨碍审判活动的违法犯罪行为，维护审判秩序，保障审判工作顺利进行。具体包括以下几个方面：一是维护庭审秩序与安全；二是实施强制措施，如押解、看管被告人或罪犯；三是送达法律文书，为判决、裁定的强制执行提供警务保障；四是执行死刑。

（四）检察院人民警察的具体任务

人民检察院司法警察的任务是通过行使职权，维护社会主义法治，维护检察工作秩序，预防、制止妨碍检察活动的违法犯罪行为，保障检察工作的顺利进行。具体包括以下几个方面：一是保护人民检察院侦查案件的现场，保护出席法庭、死刑临场检察人员的安全；二是执行强制措施，如提押、看管犯罪嫌疑人、被告人和罪犯；三是送达有关法律文件；四是维护检察机关接待群众来访场所的秩序和安全。

案例讨论：

"司法机关人民警察的性质"

毛泽东曾在《论人民民主专政》说过："军队、警察、法庭等国家机器，是阶级统治的工具。对于敌对阶级，它是压迫的工具，它是暴力，并不是什么'仁慈'的东西。"而我们的《监狱法》第7条第1款却规定，"罪犯的人格不受侮辱，其人身安全、合法财产和辩护、申诉、控告、检举以及其他未被依法剥夺或者限制的权利不受侵犯"。

问题：谈谈罪犯的权利与司法机关人民警察的阶级性、惩罚性之间的关系。

拓展材料：

生命最后的 18 个月
——追授司法部二级英模柯甫贤先进事迹

2009 年 8 月 5 日上午，在浙江省司法厅为柯甫贤同志追记一等功大会上，听着三位同志的事迹宣讲，与会者潸然泪下……柯甫贤同志忘我工作的身影仿佛就在眼前，感人的场景一一浮现，他对待工作的态度以及对人生价值的追求令人为之震撼！

2009 年 6 月 26 日，柯甫贤追悼会的前一天，他的妻子整理他的衣物时，从口袋里发现了一个折叠得方方整整的小纸块，小心翼翼打开一看，惊呆了，纸上印的是"右肝内实质占位性病变，肝 Ca 可能，建议进一步检查明确诊断"。这是一张 2007 年 11 月 10 日杭州市第六人民医院出具的化验单。亲人和战友们不禁由衷地自问：怎么就没有一个人发现他身患绝症的信号？为什么把生命寄托在工作岗位上？住院期间为什么对组织没有任何托付，对亲人没有任何嘱咐，只有对工作岗位的眷恋和对具体工作的牵挂？

柯甫贤得知身患绝症时，也许更加珍惜亲情，只是不愿看到亲人们为他担忧、为他流泪；也许更加珍惜生命，《肝病防治》18 个月没有离开他枕边，他也曾寻求过民间偏方，只是在这个过程中，他稳定的心态和淡定的情绪蒙蔽了亲人和战友的眼睛，没有发现他生命危机的信号。他在工作中找到了乐趣，找到了生命价值。在生命的最后 540 天，柯甫贤时时刻刻小心守望着大墙的安全和稳定，每天上班前、下班后都要到监管区"转一圈"，收集狱情信息，防患未然。也许就是上班前下班后到监房"转一圈"的习惯，让他对基层情况烂熟于心，不断发现新情况和新问题让他暂忘了病情，把生命寄托在了岗位上，把快乐寄托在工作中。

2008 年 8 月 21 日，下班后他与管教科的几位同志到监房去"转转"，桌子上几块边缘光滑整齐的西瓜皮引起了他的注意，他扫视室内一圈后，亲自动手检查起抽屉、床铺等每个角落，最后果然从床铺档下面搜出了一把刀具。他向同志们解释说："边缘光光的西瓜皮，一定是刀切的，说话支支吾吾的两罪犯，一定心中有鬼，有了这个线索如果不严格检查，那是失职。"

2009 年 2 月 27 日早晨，一名罪犯向民警汇报了一个异常情况：昨天晚上死缓犯黄某问他，"死缓期间犯罪是否会枪毙？"在得到"会枪毙"的肯定回答后，又问"如果知道其他罪犯有重大违法行为，自己不参与但也不汇报是否会有事？"这一重要情况立刻引起了上班前到监房"转一圈"的柯甫贤的警觉。20 多年的狱内侦察工作经验和强烈的职业敏感性，让他立即感到问题严重、情况危急，赶紧要求狱侦部门迅速采取内紧外松的策略，严密监视黄某的一举一动。当天 13：00，黄某的两位堂姐来监狱要求会见，民警告诉她们会见日是每月 23 日。这时她们显得很焦虑、很着急，其中一位说

"如果等到下月不知会发生什么事"，同时她们又无意透露出她们2月23日刚会见过黄某。柯甫贤听了民警的汇报后沉思：两个堂姐相约要会见，加上昨天晚上的异常表现，他越想越觉得问题严重，决定采取果断行动。14：30，他立即安排黄某与两个堂姐会见。会见结束时，黄某主动向民警交代了罪犯罗某拉拢他企图劫持人质暴动越狱的情况。15：45，他请示主要领导后成立审讯组，提审罗某。由于黄某没有明确同意参加罗某他们的行动计划，罗某尚未把详细行动计划告诉他，有哪些罪犯参加、凶器在哪、脱逃线路时间等细节问题都不清楚，柯甫贤认为此时提审罗某为时过早，决定利用当晚罗某最后征求黄某参加脱逃行动的机会，确定黄某为专案耳目，智取脱逃情报。18：45，民警在劳动现场搜查作案工具，果然在罗某劳动岗位的缝纫机底架下搜到两把简易的钢质刀具。22：40，局领导指导，立即成立专案组，由柯甫贤作组长，专案组对可能涉案的7名罪犯连夜突审，案件告破。4月14日，三名构成暴动越狱的罪犯分别被判处有期徒刑8年、5年、4年；其他涉案罪犯受到监规纪律的严厉处罚。

柯甫贤没有因为这起预谋劫持人质暴力脱逃案件的告破而松口气，反而感到压力更大了，上班前下班后到监房"转一圈"的"圈"更大些了……

平淡的生活，追求的是生命的奉献；忘我的工作，创造的是灵魂的再生。这几年，多少人用按揭购房政策已经拥有两套住房，而柯甫贤心往工作上想，劲往工作上使，唯独没有用心去经营家庭。至他去世时，岳母和他那三口之家还住在1986年建的房改房中，家具是做木工的弟弟1990年用老家运来木头加工的旧家具，客厅里那台21寸彩电是岳母家搬来的旧彩电，他自己结婚时买的那台17寸彩电给了家住农村的父母。柯甫贤同志去世后，领导和战友们到他家慰问时无不感慨地说："他那工作高要求、生活不讲究的人生态度将启示人们快乐地生活、快乐地工作，他那爱岗敬业、忠诚于事业的精神，不计名利、默默奉献的情操，忠于职守、忘我工作的品格，脚踏实地、求真务实的作风，将激励监狱人民警察为警徽增光添彩……"

问题：从以上材料中，你能感受到一个优秀的司法机关人民警察应该具有什么样的优秀品质？

思考题：

1. 在保卫国家安全上人民警察发挥的作用与军队发挥的作用有何不同？
2. 在提倡保障罪犯人权的今天，监狱对罪犯的惩罚体现在哪些地方？

学习单元二 司法机关人民警察的职责与职权

学习目标：
1. 理解司法机关人民警察的职责与职权的含义。
2. 掌握司法机关人民警察的职责与职权的主要内容。
3. 掌握司法机关人民警察如何依法履行职责、正确行使职权。

学习任务一 司法机关人民警察的职责

一、司法机关人民警察职责的含义

《现代汉语词典》对"职责"的释义为"职务和责任"，司法机关人民警察的职责即国家依法规定的司法机关人民警察的工作范围和所必须承担的责任。

二、司法机关人民警察职责的特征

（一）法律性

法律性主要是指职责是由法律法规明文规定的，司法机关人民警察不得超越法定的职责范围。主要体现在：从实体上，司法机关人民警察所担负的职责主要是由《人民警察法》《监狱法》《禁毒法》《人民法院司法警察条例》等有关法律、法规和规范性文件所赋予并确定的，任何团体、组织或个人无权随意变更；从程序上，司法机关人民警察履行职责的过程也必须严格按照法律程序进行。

（二）专属性

专属性是指司法机关人民警察的职责具有排他性和不可替代性，由司法机关人民警察专有，其他任何人既无权利也无义务履行。

（三）强制性

强制性是指司法机关人民警察的职责是以国家强制力为后盾的：一方面，司法机关人民警察必须认真履行职责，秉公执法，否则将受到责任追究；另一方面，国家通过对干扰、妨碍司法机关人民警察正常执行公务的违法犯罪行为进行制裁，以保障其顺利履行职责。

三、司法机关人民警察职责的主要内容

（一）监狱人民警察的职责

依据《刑法》《刑事诉讼法》《监狱法》等法律及相关规定，监狱人民警察肩负着管理监狱、执行刑罚、教育改造罪犯、保护罪犯合法权益等职责。

1. 管理监狱。监狱人民警察是监狱的管理者，对监狱人、财、物各项事物进行管理，保障监狱安全稳定运行，要做到依法管理、严格管理、科学管理、文明管理，防止脱逃、非正常死亡等重大、恶性事故的发生。具体包括：①对罪犯在监狱内的服刑活动进行管理。狱政管理、生活管理、卫生管理、劳动生产管理等，都是管理职责的重要内容。②对监区环境以及周边环境的管理。保护监狱的设施和财产不受非法侵犯，并加强与有关单位的司法关系和周边单位、人民群众的其他关系。

2. 执行刑罚。刑罚执行是指监狱机关对人民法院生效裁判所确定并交付执行的刑罚予以实施的过程。《监狱法》第2条规定："监狱是国家的刑罚执行机关。依照刑法和刑事诉讼法的规定，被判处死刑缓期二年执行、无期徒刑、有期徒刑的罪犯，在监狱内执行刑罚。"监狱人民警察作为国家刑罚的执行者，具有依法执行刑罚、惩罚犯罪的职责。具体包括：收监，处理罪犯提出的申诉、控告和检举，对罪犯提出减刑、假释的建议，暂予监外执行，释放等一系列刑罚执行活动。在刑罚执行活动中，要求监狱人民警察要有强烈的法律意识和较高的执法水平，以事实为依据，以法律为准绳；重调查、重表现、重证据，严格依法办事，做到秉公执法，不枉不纵。

3. 教育改造罪犯。"惩罚与改造相结合，以改造人为宗旨"是我国新时期监狱工作的方针，社会主义行刑工作的一切目的和归宿都是以人为本、以改造人为宗旨。因此，监狱人民警察作为特殊的"园丁"，要担负起教育改造罪犯的神圣职责。在实际工作中，要正确处理惩罚与改造、教育与劳动的关系，切实履行改造罪犯的职责，坚持因人施教、分类教育、以理服人的原则，不断提高罪犯改造质量。对罪犯的教育不仅仅是对罪犯进行思想、文化和技术"三课教育"，更包括了刑罚执行过程中进行的一切能改造罪犯思想、品德、矫正罪犯恶习和增进罪犯知识、技能的活动。监狱人民警察要切实履行好改造人、提高人、促进人的全面发展的职责，要使罪犯成为"守法公民"，使其逐渐成为道德完善、心理健康、能较好适应现代社会的人。

4. 保护罪犯合法权益。罪犯虽然被依法剥夺了人身自由，但是仍然享有没有被法律剥夺或限制的公民权利，如人格权、生命健康权、申诉权、控告权、辩护权、检举权、人身财产权等。监狱人民警察是与罪犯直接打交道的执法者和管理者，与罪犯权益保护息息相关，因此必然要担负保护罪犯合法权益的职责。但实际上处于服刑中的罪犯是被惩罚、被改造的对象，他们与监狱人民警察在法律关系中的地位是不平等的，权利的行使和保障必然受到主客观条件的限制。因此，监狱人民警察要注意保护罪犯在服刑期间仍然享有的基本权利，防止权力滥用造成对罪犯合法权益的侵害，同时还

需要同社会有关方面进行协调沟通，确保罪犯合法权益不受侵害。

（二）强制隔离戒毒人民警察的职责

2011年6月22日国务院第160次常务会议通过《戒毒条例》，其中第4条第3款规定，设区的市级以上地方人民政府司法行政部门负责管理司法行政部门的强制隔离戒毒场所、戒毒康复场所，对社区戒毒、社区康复工作提供指导和支持。司法部发布的《司法行政机关强制隔离戒毒工作规定》，进一步规范了司法行政机关强制隔离戒毒工作。其中第3条规定，司法行政机关强制隔离戒毒所对经公安机关作出强制隔离戒毒决定，在公安机关强制隔离戒毒场所执行3个月至6个月后，或者依据省、自治区、直辖市具体执行方案送交的强制隔离戒毒人员，依法执行强制隔离戒毒。根据以上法律法规，强制隔离戒毒机关的人民警察的职责有：

1. 管理强制隔离戒毒人员。根据《司法行政机关强制隔离戒毒工作规定》等规定，强制隔离戒毒所人民警察应当根据性别、年龄、患病等情况，对戒毒人员实行分别管理；根据戒毒治疗情况，对戒毒人员实行分期管理；根据戒毒人员表现，实行逐步适应社会的分级管理。

2. 维护强制隔离戒毒场所的安全。在安全制度方面，强制隔离戒毒所应当建立安全管理制度，进行安全检查，及时发现和消除安全隐患并制定突发事件应急预案，并定期演练。在安全设施方面，强制隔离戒毒所应当安装监控、应急报警、门禁检查和违禁品检测等安全技防系统，按照规定保存监控录像和有关信息资料。强制隔离戒毒所还应当安排专门人民警察负责强制隔离戒毒所的安全警戒工作。

3. 治疗训练强制隔离戒毒人员。《司法行政机关强制隔离戒毒工作规定》第34条规定，强制隔离戒毒所应当根据戒毒人员吸食、注射毒品的种类、成瘾程度和戒断症状等进行有针对性的生理治疗、心理治疗和身体康复训练。在生理治疗方面，对戒毒人员进行戒毒治疗，采用科学、规范的诊疗技术和方法，使用符合国家有关规定的药物、医疗器械。戒毒治疗使用的麻醉药品和精神药品应当按照规定申请购买并严格管理，使用时须由具有麻醉药品、精神药品处方权的医师按照有关技术规范开具处方。在心理治疗方面，建立戒毒人员心理健康档案，开展心理健康教育，提供心理咨询，对戒毒人员进行心理治疗；对心理状态严重异常或者有行凶、自伤、自残等危险倾向的戒毒人员应当实施心理危机干预。在身体康复训练方面，通过组织体育锻炼、娱乐活动、生活技能培训等方式对戒毒人员进行身体康复训练，帮助戒毒人员恢复身体机能、增强体能。

4. 教育强制隔离戒毒人员。强制隔离戒毒所应当对新接收的戒毒人员进行入所教育和出所前回归社会教育。教育内容包括强制隔离戒毒有关法律法规、所规所纪、戒毒人员权利义务等。教育采取课堂教学的方式，对戒毒人员集中进行卫生、法治、道德和形势政策等教育。戒毒人民警察应当熟悉分管戒毒人员的基本情况，掌握思想动态,对分管的每名戒毒人员每月至少进行一次个别谈话教育。戒毒人员有严重思想、情绪波动的,应当及时进行谈话疏导。戒毒人民警察还要开展戒毒文化建设,运用影视、广播、展览、文艺演出、图书、报刊、宣传栏和所内局域网等文化载体,活跃戒毒人员文化生活,丰富教育形式。

(三)法院人民警察的职责

《人民法院司法警察条例》第7条和《关于人民法院司法警察依法履行职权的规定》第1条明确规定了人民法院司法警察的职责范围及内容。

1. 维护审判秩序,预防、制止、处置妨害审判执行秩序的行为。《人民警察法》第2条规定,人民警察的任务是维护国家安全,维护社会治安秩序,保护公民的人身安全、人身自由和合法财产,保护公共财产,预防、制止和惩治违法犯罪活动。《人民法院司法警察条例》第3条规定,人民法院司法警察的任务,就是通过"预防、制止和惩治妨碍审判活动的违法犯罪行为"这一执法活动,"维护审判秩序",以期产生"保障审判工作顺利进行"的效果。《人民法院司法警察条例》第7条第1项和《关于人民法院司法警察依法履行职权的规定》第1条第1项,直接将"维护审判执行秩序,预防、制止、处置妨害审判执行秩序的行为"规定为司法警察的首要职责。

人民法院的审判活动经《刑事诉讼法》《民事诉讼法》《行政诉讼法》等法律调整形成了审判秩序,包括刑事审判秩序、民事审判秩序和行政审判秩序。审判秩序是社会秩序的组成部分,而维护社会秩序长治久安是《人民警察法》规定的人民警察的任务,作为人民警察的独立警种,人民法院司法警察肩负维护审判秩序的神圣使命。

人民法院是国家的审判机关,法庭是重要的国家机器,法院安全、法庭安全是国家安全的有机组成部分,司法警察履行值庭职责和协助法院机关的安全保卫职责,是维护国家司法安全的直接体现。

2. 对进入审判区域的人员进行安全检查。为了保障参加诉讼活动人员的人身安全和诉讼工作顺利进行,防止未经允许的限制物品、管制物品等危险物品进入诉讼场所,依法禁止可能危害法院安全或妨害诉讼秩序的人进入审判区域,根据审判工作需要,由司法警察对进入审判区域的人员身份、人身和物品进行安全检查。这既是一项专业性的工作,也是一项严格的执法活动。

3. 在刑事审判中,押解、看管被告人或者罪犯,传带证人、鉴定人、有专门知识的人或者其他诉讼参与人,传递、展示证据,执行强制证人出庭令。为保障刑事审判活动顺利进行,在刑事案件审判活动中,司法警察承担着重要职责,主要包括依法强制将被告人或罪犯从看守所或者其他羁押场所安全、准确、按时押解至人民法院指定羁押场所;按照审判长或独任审判员的指令及时将被告人押解到法庭,确保带入、庭审、带离过程安全,庭后从审判场所安全还押至看守所或其他羁押场所;在被告人候审期间,要在指定羁押场所看管被告人,守卫好羁押场所,确保被告人安全和按时出庭。同时，司法警察作为司法辅助人员，依法传带证人、鉴定人及有专门知识的人，传递、展示证据，保证证人、鉴定人及有专门知识的人的人身安全和证据传递、展示安全等。

4. 在强制执行中，配合实施被执行人身份、财产、处所的调查、搜查、查封、冻结、扣押、划拨、强制迁出等执行措施。生效的法律文书必须得到执行，否则社会公平正义难以实现。人民法院司法警察作为司法机关中的重要执法力量，承担配合执行人员依法采取冻结、划拨银行存款，查封、扣押、拍卖、变卖财产，搜查被执行人的住所或财产隐匿地，强制交出财物或票证，强制迁出房屋，强制退出土地等强制执行措施的职责。必要时依法采取强制措施，维护执行现场秩序，保障执行人员安全、看管被执行的财产，保证执行活动顺利进行。

5. 执行死刑。司法警察依据最高人民法院院长签发的执行死刑命令，按照法定的执行程序，在刑场或者指定的场所，依法剥夺已判处死刑罪犯的生命，这是人民法院司法警察承担的重大而神圣的职责。

6. 协助机关安全和涉诉信访应急处置工作。人民法院是国家政权的重要组成部分，承担依法审判犯罪，依法审理各类经济、民事案件的重要职责，遭受袭击、破坏、侵害的风险大，容易成为犯罪分子实施极端报复的目标。切实加强人民法院安全保卫工作，确保干警人身安全，对于保障人民法院依法履行审判职能，惩办犯罪分子，保护公民合法权益，保卫人民民主专政制度，维护社会主义法治和社会秩序具有重要意义。

司法警察应当根据人民法院安全保卫工作的要求，协助做好人民法院重点部位的监控、安全检查、机关安全巡查、机关安全应急处置工作，维护机关工作秩序。司法警察是人民法院安全保障的主要力量，是人民法院突发事件处置的重要力量。

司法警察应当协助涉诉信访部门做好涉诉信访突发事件的预防和应急处置工作，维护涉诉信访工作秩序，保障涉诉信访工作安全。司法警察应依法处置立案区域内发生的各类突发事件，遇有人员寻衅滋事、打砸、破坏公共财产或侮辱、威胁、殴打信访工作人员时，司法警察应对其依法采取强制措施；发现有人携带危险物品时，司法警察应立即对其实施控制，责令其交出危险物品，抗拒交出的，应依法采取强制措施；遇有人员企图自杀、自伤时，司法警察应果断制止其行为，收缴其用于自杀、自伤的凶器或其他危险物品；遇有在法院门前围攻法院工作人员、拦截法院车辆或冲击法院大门等情形时，司法警察应立即向部门领导报告，由应急分队迅速前往现场，果断处置。

7. 执行扣押物品、责令退出法庭、强行带出法庭、拘传、罚款、拘留等强制措施。人民法院在审判、执行过程中，为保障审判活动、执行活动的正常进行，对妨害诉讼活动或执行活动的行为人会采取一定的强制措施。决定适用强制措施是法院院长及审判长、独任审判员、执行员的权限，而执行这些强制措施则是司法警察的职责。

《刑事诉讼法》第 66 条规定，人民法院根据案件情况，对犯罪嫌疑人、被告人可以拘传。第 193 条规定，经人民法院通知，证人没有正当理由不出庭作证的，人民法院可以强制其到庭，但是被告人的配偶、父母、子女除外。证人没有正当理由拒绝出庭或者出庭后拒绝作证的，予以训诫，情节严重的，经院长批准，处以 10 日以下的拘留。第 199 条规定，在法庭审判过程中，如果诉讼参与人或者旁听人员违反法庭秩序，审判长应当警告制止。对不听制止的，可以强行带出法庭；情节严重的，处以 1000 元以下的罚款或者 15 日以下的拘留。

《民事诉讼法》第 68 条规定，当事人逾期提供证据的，人民法院应当责令其说明理由；拒不说明理由或者理由不成立的，人民法院根据不同情形可以不予采纳该证据，或者采纳该证据但予以训诫、罚款。第 112 条规定，人民法院对必须到庭的被告，经两次传票传唤，无正当理由拒不到庭的，可以拘传。第 113 条规定，人民法院对违反法庭规则的人，可以予以训诫，责令退出法庭或者予以罚款、拘留。人民法院对哄闹、冲击法庭，侮辱、诽谤、威胁、殴打审判人员，严重扰乱法庭秩序的人，依法追究刑事责任；情节较轻的，予以罚款、拘留。第 114 条规定，诉讼参与人或者其他人有下列行为之一的，人民法院可以根据情节轻重予以罚款、拘留；构成犯罪的，依法追究刑事责任：伪造、毁灭重要证据，妨碍人民法院审理案件的；以暴力、威胁、贿买方法阻止证人作证或者指使、贿买、胁迫他人作伪证的；隐藏、转移、变卖、毁损已被查封、扣押的财产，或者已被清点并责令其保管的财产，转移已被冻结的财产的；对司法工作人员、诉讼参加人、证人、翻译人员、鉴定人、勘验人、协助执行的人，进行侮辱、诽谤、诬陷、殴打或者打击报复的；以暴力、威胁或者其他方法阻碍司法工作人员执行职务的；拒不履行人民法院已经发生法律效力的判决、裁定的。人民法院对有前款规定的行为之一的单位，可以对其主要负责人或者直接责任人员予以罚款、拘留；构成犯罪的，依法追究刑事责任。第 115 条规定，当事人之间恶意串通，企图通过诉讼、调解等方式侵害他人合法权益的，人民法院应当驳回其请求，并根据情节轻重予以罚款、拘留；构成犯罪的，依法追究刑事责任。第 116 条规定，被执行人与他人恶意串通，通过诉讼、仲裁、调解等方式逃避履行法律文书确定的义务的，人民法院应当根据情节轻重予以罚款、拘留；构成犯罪的，依法追究刑事责任。第 117 条规定，有义务协助调查、执行的单位有妨碍执行行为之一的，人民法院除责令其履行协助义务外，并可以予以罚款：可以对其主要负责人或者直接责任人员予以罚款；对仍不履行协助义务的，可以予以拘留。第 118 条规定，对个人的罚款金额，为人民币 10 万元以下；对单位的罚款金额，为人民币 5 万元以上 100 万元以下；拘留的期限，为 15 日以下。第 120 条规定，任何单位和个人采取非法拘禁他人或者非法私自扣押他人财产追索债务的，应当依法追究刑事责任，或者予以拘留、罚款。

《行政诉讼法》第 59 条规定，诉讼参与人或者其他人有妨碍执行、妨碍诉讼、阻碍人民法院工作人员执行职务或者扰乱人民法院工作秩序等行为之一的，人民法院可以根据情节轻重，予以训诫、责令具结悔过或者处 1 万元以下的罚款、15 日以下的拘留。第 96 条规定，行政机关拒绝履行判决、裁定的，第一审人民法院可以从期满之日起，对该行政机关负责人按日处 50 元至 100 元的罚款。

《最高人民法院关于人民法院执行工作若干问题的规定（试行）》第 57 条规定，被执行人或其他人有拒不履行生效法律文书或者妨害执行行为之一的，人民法院可以依照《民事诉讼法》第 114 条的规定处理。

8. 法律、法规规定的其他职责。

（四）检察院人民警察职责

1. 保护人民检察院直接立案侦查案件的犯罪现场；
2. 执行传唤、拘传；
3. 协助执行监视居住、拘留、逮捕，协助追捕在逃或者脱逃的犯罪嫌疑人；
4. 参与搜查；
5. 提押、看管犯罪嫌疑人、被告人和罪犯；
6. 送达有关法律文书；
7. 保护出席法庭、执行死刑临场监督检察人员的安全；
8. 协助维护检察机关接待群众来访场所的秩序和安全，参与处置突发事件；
9. 法律、法规规定的其他职责。

学习任务二　司法机关人民警察的职权

一、司法机关人民警察职权的含义

职权是职责范围内的权力。《人民警察法》第 18 条规定："国家安全机关、监狱、劳动教养管理机关的人民警察和人民法院、人民检察院的司法警察，分别依照有关法律、行政法规的规定履行职权。"司法机关人民警察的职权是其实施警务活动的资格和权能，是国家和人民意志的体现，是国家权力的重要组成部分，是其完成任务、履行职责的必要保证。

二、司法机关人民警察职权的特征

（一）法定性

法定性是司法机关人民警察职权的基本特征，主要是指司法机关人民警察的职权是由国家宪法、法律法规明确规范的。权力的行使必须有法律法规的依据，行使的范围、内容和程序等也都必须符合法律规定并受法律保护。司法机关人民警察行使职权不能超越法定范围，无权擅自变更、转让或放弃职权。警察行为一经作出，非经法定程序不得改变或撤销。

（二）单方性

单方性是指司法机关人民警察行使职权是单方行为，只基于法律的授权而不以相对人的同意为前提，也不以相对人的意志为转移。不管相对人是否愿意、是否合作，都依法执行并产生相应的法律效力。

（三）人民性

人民性是司法机关人民警察职权的本质特征，主要是指司法机关人民警察的职权是国家与人民赋予的，是人民意志的体现。司法机关人民警察在行使权力时，要时刻牢记权为民所用、情为民所系、利为民所谋，从而完成维护国家安全，维护社会治安秩序，保护公民的人身安全、人身自由和合法财产，保护公共财产，预防、制止和惩治违法犯罪活动的任务。

三、司法机关人民警察职权的主要内容

（一）监狱人民警察职权的主要内容

1. 刑罚执行权。刑罚执行权即行刑权，这是监狱人民警察的核心权力，它涉及收监、罪犯的申诉、检举和控告、减刑、假释和释放等刑罚执行的全过程。其内容主要包括：①收押权；②对罪犯申诉提请处理权；③对罪犯减刑、假释建议权；④暂予监外执行权；⑤对罪犯释放、假释的执行权。监狱人民警察在行使权力时，要注意严格依照法律规定和严格履行法定程序，秉公执法、文明执法，公平公正，同时要正确处理惩罚和改造之间的辩证统一关系。

2. 狱政管理权。狱政管理是监狱人民警察的一项基本权力，它是维护监管改造秩序，保证监狱正常运行的基础性前提。我国刑罚对罪犯人身自由的剥夺，主要是通过狱政管理和对罪犯人身进行监禁得以实现的。其内容主要包括：①对罪犯服刑场所的监管权；②对罪犯的分押分管权；③对罪犯日常活动和生活的安排、监督权；④对罪犯改造、生产等活动的考核权；⑤警戒权；⑥对罪犯脱逃的抓捕权；⑦狱内侦查权；⑧对罪犯人身、物品、通信、会见的检查权等。

3. 教育改造权。对罪犯进行教育改造是监狱人民警察的一项重要权力，它是对罪犯依法实施思想转化、文化知识学习、行为习惯养成和劳动技能培训等一系列活动的各项权力的总和。其内容主要包括：①对罪犯的思想教育权；②对罪犯的文化教育权；③对罪犯的职业技术教育权；④对罪犯的劳动改造权；⑤协调社会组织帮助罪犯进行社会化教育权等。

4. 使用警械和武器权。依法使用武器和警械是监狱人民警察的一项特殊权力，因其严肃性所以必须严格依法进行。《人民警察使用警械和武器条例》《监狱法》等法律规定明确了监狱人民警察在使用警械过程中的权力和义务。《监狱法》第45条规定，监狱遇有下列情形之一的，可以使用戒具：罪犯有脱逃行为的；罪犯有使用暴力行为

的；罪犯正在押解途中的；罪犯有其他危险行为需要采取防范措施的。在监狱内，一律不准使用警绳。《监狱法》第46条规定，人民警察和人民武装部队的执勤人员遇有下列情形之一，非使用武器不能制止的，按照国家有关规定，可以使用武器：罪犯聚众骚乱、暴乱的；罪犯脱逃或者拒捕的；罪犯持有凶器或者其他危险物，正在行凶破坏，危及他人生命、财产安全的；劫夺罪犯的；罪犯抢夺武器的。使用武器时，一般应该先口头警告或鸣枪示警，开枪时应当避免射击其要害部位，不得故意造成人身伤害，应当以制止违法犯罪行为为限度。当违法犯罪行为得到制止时，应当立即停止使用。

（二）强制隔离戒毒人民警察的职权

依照现行有关法律、法规的规定，强制隔离戒毒机关人民警察的职权主要包括：

1. 强制隔离戒毒执行权。
2. 强制隔离戒毒场所管理权。
3. 对强制戒毒人员教育权。

（三）法院人民警察的职权

根据我国现行有关规定，人民法院司法警察的职权主要有庭审秩序维护权、司法裁决执行权、诉讼强制措施执行权和司法应急处置权。

1. 庭审秩序维护权。庭审秩序维护权是指人民法院司法警察依法维护审判秩序、确保法庭人员和财产安全，保障庭审活动顺利进行的资格或能力，主要包括押解权、看管权、值庭权和安全检查权等。

《人民法院司法警察条例》第二章"职权"中第7条规定，司法警察应维护审判秩序，在刑事审判中押解、看管被告人或者罪犯，传带证人、鉴定人和传递证据，对进入审判区域的人员进行安全检查，对不宜进入审判区域而强行进入的，人民法院司法警察应当依法处置。第8条规定，在法庭审判过程中，人民法院司法警察应当对违反法庭规则，扰乱法庭秩序，危及法庭内人员人身安全，被告人或者罪犯脱逃等情况依法依规处置。

《人民法院司法警察刑事审判警务保障工作规则》（以下简称《刑事审判警务保障工作规则》）第2条规定，刑事审判警务保障是司法警察在刑事审判工作中，依法实施的押解、值庭、看管等职务行为。第12条规定，司法警察发现被告人有传递信息、串供、携带可疑物品等行为或者发生脱逃、行凶、自杀、自伤和其他危险行为的，应当果断先予处置，并及时向司法警察部门负责人、审判长或者独任审判员请示报告，根据命令或者指令采取进一步措施。被告人有检举、揭发的要求时，司法警察应当立即报告审判长或者独任审判员，并及时报告司法警察部门负责人，及时配合处理。第16条规定，押解是司法警察在刑事审判中，依法强制将被告人从看守所或者其他监管机构押到法庭接受审判，再将其押回看守所或者其他监管机构，保障审判活动安全有序进行的职务行为。第25条规定，看管是司法警察在刑事审判中，依法对在人民法院羁押场所或者其他指定地点候审的被告人进行看守管理，保障审判活动安全有序进行的职务行为。第34条规定，值庭是司法警察在刑事审判中，依法维持法庭秩序，保证参与庭审活动人员安全，保障审判活动安全有序进行的职务行为。

《人民法院司法警察安全检查规则》（以下简称《安全检查规则》）第2条规定，安全检查工作是人民法院司法警察依法防止未经允许的管制器具、危险物质、限制物品等进入诉讼场所，保障参加诉讼活动人员人身安全和诉讼工作顺利进行的职务行为。

《最高人民法院关于适用〈中华人民共和国刑事诉讼法〉的解释》（以下简称《〈刑事诉讼法〉解释》）第248条规定，已经移送人民法院的案卷和证据材料，控辩双方需要出示的，可以向法庭提出申请，法庭可以准许。案卷和证据材料应当在质证后当庭归还。需要播放录音录像或者需要将证据材料交由法庭、公诉人或者诉讼参与人查看的，法庭可以指令值庭法警或者相关人员予以协助。第307条第1款第1项、第2项规定，有关人员危害法庭安全或者扰乱法庭秩序的，审判长应当按照下列情形分别处理：①情节较轻的，应当警告制止；根据具体情况，也可以进行训诫；②训诫无效的，责令退出法庭；拒不退出的，指令法警强行带出法庭。

2. 司法裁决执行权。司法裁决执行权是指人民法院司法警察依法执行死刑，配合实施生效民事、行政法律文书强制执行，保障执行活动顺利进行的资格或能力，主要包括死刑执行权、配合实施执行措施权和采取强制措施权。

《刑事诉讼法》第263条规定，指挥执行的审判人员，对罪犯应当验明正身，讯问有无遗言、信札，然后交付执行人员执行死刑。最高人民法院、公安部曾经在1980年2月23日《关于判决死刑、死缓、无期徒刑、有期徒刑、拘役的罪犯交付执行问题的通知》第1条规定，对于判处死刑立即执行的罪犯，人民法院有条件执行的，应交付司法警察执行；没有条件执行的，可交付公安机关的武装警察执行。《人民法院司法警察条例》第7条规定，人民法院司法警察承担执行死刑的职责。

《人民法院司法警察条例》第二章"职权"中第7条规定，在生效法律文书的强制执行中，司法警察应当配合实施执行措施，必要时依法采取强制措施。第11条规定，司法警察可以依法配合实施搜查、查封、扣押、强制迁出等执行行为。

《最高人民法院关于人民法院执行工作若干问题的规定（试行）》（以下简称《执行规定》）第8条规定，执行人员执行公务时，应向有关人员出示工作证和执行公务证，并按规定着装。必要时应由司法警察参加。

3. 诉讼强制措施执行权。诉讼强制措施执行权是指人民法院司法警察依法执行拘传、拘留、罚款等强制措施的资格或能力，主要包括执行拘传权、执行拘留权和执行罚款权等。

《人民法院司法警察条例》第二章"职权"中第7条规定，司法警察执行拘传、拘留等强制措施。第8条规定,在法庭审判过程中,人民法院司法警察应当按照审判长或者独任审判员的指令,对违反法庭规则,哄闹、冲击法庭,侮辱、诽谤、威胁、殴打司法工作人员、诉讼参与人或者其他人员等扰乱法庭秩序的,依法予以强行带离,执行罚款或者拘留。第9条规定,对以暴力、威胁或者其他方法阻碍司法工作人员执行职务的,人民法院司法警察应当及时予以控制,根据需要进行询问、提取或者固定相关证据,依法执行罚款、拘留等强制措施。

《人民法院法庭规则》第21条第3款规定,人民法院依法对违反法庭纪律的人采取的扣押物品、强行带出法庭以及罚款、拘留等强制措施,由司法警察执行。

《〈刑事诉讼法〉解释》第148条规定,对经依法传唤拒不到庭的被告人,或者根据案件情况有必要拘传的被告人,可以拘传。拘传被告人,应当由院长签发拘传票,由司法警察执行,执行人员不得少于2人。

《最高人民法院关于适用〈中华人民共和国民事诉讼法〉的解释》(以下简称《〈民事诉讼法〉解释》)第178条规定,人民法院依照《民事诉讼法》第113~117条的规定采取拘留措施的,应经院长批准,作出拘留决定书,由司法警察将被拘留人送交当地公安机关看管。

4. 司法应急处置权。司法应急处置权是指人民法院司法警察依法对审判工作和法院执行工作及涉诉信访等工作中发生的突发事情等紧急情况进行处置的资格或能力,主要包括刑事、民事和行政审判工作紧急情况处置权、执行死刑工作紧急情况处置权、民事行政案件执行工作紧急情况处置权和涉诉信访工作紧急情况处置权等。

《人民法院司法警察条例》第二章"职权"中第7条规定,司法警察应当协助机关安全工作,协助机关涉诉信访应急处置工作。第13条规定,对严重扰乱人民法院工作秩序、危害人民法院工作人员人身安全及法院机关财产安全的,人民法院司法警察应当采取有关处置措施。

《人民法院司法警察预防和处置突发事件规则》(以下简称《预防和处置突发事件规则》)第2条规定,本规则所称突发事件是指突然发生,造成或者可能造成人员伤亡、财产损失,损害司法权威,妨碍审判执行活动,危及法院安全,需要司法警察采取应急处置措施予以应对的紧急情况。第6条规定,在人民法院预防和处置突发事件工作总体方案的基础上,司法警察部门应当制定本部门应急处置预案,明确应急处置的组织领导、职责分工、处置流程、应急措施、联防联动、勤务保障等内容。

(四)检察院人民警察职权

1. 现场控制权。检察院的人民警察有保护人民检察院直接立案侦查案件的犯罪现场的职责,有权对现场进行管控,保护现场的痕迹和证据,禁止无关人员进入现场。对以暴力、威胁或者其他方法阻碍检察人员依法执行职务的,人民检察院司法警察应及时予以控制,并依法采取强行带离现场或者采取法律规定的其他措施。

2. 执行传唤、拘传，参与搜查的权力。

3. 提押、看管犯罪嫌疑人、被告人和罪犯的权力。

4. 警械、武器使用权。

对涉诉信访人员及其他人员在人民检察院办公区域或者门前实施自杀、自伤等过激行为或者其他违法行为的，人民检察院司法警察应当及时采取措施予以制止和协助救治，必要时应当对其采取约束性保护措施，并视情节移送公安机关。遇有拒捕、拦劫囚车、抢夺枪支或者其他暴力行为等紧急情况，人民检察院司法警察可以依照国家有关规定使用警械；使用警械不能制止或者不使用武器制止可能发生严重后果的，可以依照国家有关规定使用武器。

案例讨论：

1. 五一假期期间，罪犯陈某的母亲等人专程赶到监狱以表达内心的感谢。2021年以来，罪犯陈某因患病外出就医4次，其间，分监区管理民警及监狱医院医生多次反复沟通治疗方案，克服疫情困难积极给予治疗。目前陈某病情得到有效缓解，改造情况也变得稳定。

2. 节假日，民警小樊主动申请值班，家人生病住院，他也"瞒着"未告诉身边同事。假期中他开展罪犯个别谈话60余次，组织罪犯拨打亲情电话和可视亲情电话100余次，共解决罪犯矛盾诉求10余次。

3. 监狱净菜中心民警老王，为了保障节日期间罪犯伙食健康卫生，他早上6点就开始对当天进监的食材、原料进行检查。"验菜工作容不得半点马虎，每一筐都要经过查验、称重，只有合格了，才能入库。"老王说道。在老王的值班岗位上，放着10余本各类表格，关于监狱的信息事无巨细一一被记录在册。

4. 於医生是监狱医院化验室检验员，因工作常年与妻子两地分居，今年五一假期也不例外。假日一早，他便开始对检验室内的医疗设备进行检查维护，提高化验效率，缩短就诊时间，同时也为医师在第一时间内诊断提供有力的数据支持，保障罪犯医疗健康，确保医疗安全稳定。

问题：请结合以上案例，谈谈监狱人民警察的职责和职权的特点。

思考题：

1. 如何正确处理"尊重罪犯人权"与"行使警察权"之间可能出现的矛盾和冲突？

2. 职权、权力和权利三个概念有何联系与区别？

学习单元三　司法机关人民警察的义务和纪律

学习目标：
1. 了解司法机关人民警察义务和纪律的概念。
2. 掌握司法机关人民警察义务和纪律的内容。
3. 掌握司法机关人民警察警容风纪的相关要求。
4. 理解司法机关人民警察必须忠实履行义务、严格遵守纪律。

学习任务一　司法机关人民警察的义务

一、司法机关人民警察义务的含义

司法机关人民警察的义务是指由国家相关法律所规定的司法机关人民警察在行使职权、执行职务活动中必须作为、必须履行的责任，其用词特征往往是"必须……""应当……"。司法机关人民警察的义务是法定强制义务，不能放弃。

二、司法机关人民警察履行义务的必要性

（一）法律所明确规定的

司法机关人民警察的义务通过法律、法规和规章的形式表现出来，属于命令性规范，有国家的强制力进行保障，是司法机关人民警察所必须遵照执行的。司法机关人民警察应当无条件地忠实履行，否则要承担相应的法律责任。

（二）正确行使职权的内在要求

权利和义务是互相对应的、互为条件的。司法机关人民警察的职权是国家所赋予的，如果没有履行应尽义务，则职权会被滥用。司法机关人民警察只有忠实履行义务、严格遵守纪律，才能正确履行国家和人民所赋予的职责，完成各项任务。

（三）警察队伍建设的保证

司法机关人民警察忠实履行义务，保持良好的精神风貌和战斗力，才能防止腐败发生，从而保持司法机关人民警察队伍的纯洁性。同时，也利于增强人民警察的法律意识和法治观念，提高严格、公正、文明、规范执法水平，增强司法机关人民警察的

队伍建设，践行国家依法治国的基本方略。

三、司法机关人民警察义务的主要内容

《人民警察法》《监狱法》《公务员法》《戒毒法》等法律都规定了各司法机关人民警察应尽的义务，即必须忠实执行宪法和法律，服务人民，忠于职守，清正廉洁，纪律严明，服从命令，严格、公正、文明、规范执法。

（一）忠于国家、服务人民

司法机关人民警察作为人民民主专政的重要工具和暴力机器，担负着维护国家安全、打击犯罪、保护人民、维护社会秩序的重要职责，应当自觉接受中国共产党领导，忠于国家，维护国家的安全、荣誉和利益，忠于人民，全心全意为人民服务，接受人民监督。警察的权力是人民赋予的，因此司法机关人民警察作为国家行使权力的工具，在行动上必须以全心全意为人民服务为宗旨，听从指挥，服从命令，忠实执行国家的政策和法律。

（二）忠于宪法、严守法律

宪法是"国家的根本法，具有最高的法律效力"，"一切国家机关和武装力量、各政党和各社会团体、各企业事业组织都必须遵守宪法和法律。一切违反宪法和法律的行为，必须予以追究。任何组织或者个人都不得有超越宪法和法律的特权"。法律是国家权力机关制定的具有普遍约束力的规范性文件。《公务员法》规定公务员应当"忠于宪法，模范遵守、自觉维护宪法和法律"，《监狱法》也规定监狱人民警察"应当严格遵守宪法和法律"。司法机关人民警察作为法律的执行者，必然要维护宪法的权威和尊严，保证宪法实施，遵守法律，这是警察的天职。但司法机关人民警察的守法义务与普通公民又有所差异，主要是在执行职务过程中，必须严格依照宪法和法律的规定严格执法，必须做到"有法必依、执法必严、违法必究"。

（三）秉公执法、办事公道

《监狱法》第13条规定，"监狱的人民警察应当严格遵守宪法和法律，忠于职守，秉公执法，严守纪律，清正廉洁"；《人民警察法》第20条规定，人民警察必须做到秉公执法、办事公道。秉公执法就是司法机关人民警察在执法过程中秉持公平公正的价值理念和标准，以事实为依据、以法律为准绳，严格按照法律程序进行，坚持在法律面前人人平等、不偏不倚、不枉不纵、不徇私情。

（四）忠于职守、清正廉洁

《公务员法》第14条规定，公务员要忠于职守，勤勉尽责，服从和执行上级依法作出的决定和命令，按照规定的权限和程序履行职责，努力提高工作质量和效率，清正廉洁、公道正派；《监狱法》第13条规定，监狱的人民警察应当严格遵守宪法和法律，忠于职守，秉公执法，严守纪律，清正廉洁。忠于职守就是忠诚于自己的工作，要诚心对待、尽职尽责完成任务。这就要求司法机关人民警察必须具有对国家和人民负责的精神，以高度的责任感对待本职工作，不得麻痹大意、玩忽职守。清正廉洁是指在行使职权时一身正气、两袖清风，不徇私受贿。司法机关人民警察要牢固树立廉洁意识，树立法律至上的观念，规范执法行为，提高执法质量，强化执法监督。

（五）其他义务

《人民警察法》第20条规定人民警察必须做到模范遵守社会公德，礼貌待人，文明执勤，尊重人民群众的风俗习惯。这是对人民警察规定的具有普遍意义的义务，司法机关人民警察应当遵守。另外，《人民警察法》第21条也规定了救助义务，人民警察遇到公民人身、财产安全受到侵犯或者处于其他危难的情形，应当立即救助；对公民提出解决纠纷的要求，应当给予帮助；对公民的报警案件，应当及时查处。人民警察应当积极参加抢险救灾和社会公益工作等。

学习任务二　司法机关人民警察的纪律

一、司法机关人民警察纪律的概念

司法机关人民警察的纪律，是国家以法律、法规或者规章的形式规定司法机关人民警察在执行职务时不得做出某些行为的强制性规定。

司法机关人民警察义务和纪律是两个相似概念，既有联系又有区别。二者都是由国家法律、法规和规章等形式规定的，是对司法机关人民警察的行为进行的规范和约束，都具有强制性、法定性等特点。同时，纪律是义务的基础和保障，如果没有纪律作出具体的规范，那么司法机关人民警察的职责履行和义务实施将会受到影响和破坏。两者的区别在于：一是法律法规和规章对义务的规定比较原则，而对纪律规定得比较具体；二是内容有所侧重，义务强调司法机关人民警察应有的行为，而纪律则着重强调司法机关人民警察不应有的行为，司法机关人民警察违反纪律一般是通过作为的方式进行的，未尽义务一般则是通过不作为方式进行的。

二、司法机关人民警察严格遵守纪律的必要性

司法机关人民警察的性质决定了司法机关人民警察必须具有严格的纪律观念，自觉接受纪律的约束，严格遵守各项纪律，养成严明守纪的作风。

（一）严格遵守纪律是司法机关人民警察正确行使职权的保证

权力滥用归根结底是因为权力没有制约，没有监督。义务从应当"作为"层面来保证司法机关人民警察正确行使职权，纪律从"禁止"层面防止司法机关人民警察职权偏离法律轨道。如果司法机关人民警察能严格遵守纪律，自觉履行义务，就能正确履行党和人民赋予的职责。

（二）严格遵守纪律是司法机关人民警察战斗力和纯洁性的保证

纪律是执行路线不偏的保证，是取得胜利的保障。有纪律才有凝聚力。没有纪律，

必然导致各自为政、各行其是、自由散漫，就会出现个人主义、本位主义、官僚主义。严格的纪律能坚定司法机关人民警察的革命意志，振奋革命精神。遵守纪律抑制了私欲，防止腐败行为的发生，从而保持队伍的纯洁性。

（三）严格遵守纪律是司法机关人民警察提高执法水平的保证

有了严明的纪律，可以防止司法机关人民警察解决问题、处理问题简单粗暴，有了纪律干警就能排除私心杂念，公平公正地执法，能正确处理好"情与法""权与法"的关系，有助于提高司法机关人民警察的执法水平。

三、司法机关人民警察纪律的主要内容

我国宪法、法律法规和规章等都规定了司法机关人民警察的纪律。《刑法》《禁毒法》《人民警察法》《监狱法》《公务员法》等都以法律的形式对警察的纪律作出了明确规定，《监狱和劳动教养机关人民警察违法违纪行为处分规定》《监狱人民警察六条禁令》等规章也列举了司法机关人民警察的违法违纪情形。具体内容可分为以下几个方面：

（一）维护国家安全、荣誉和利益等方面的纪律

这主要是指司法机关人民警察的政治纪律、保密纪律等。包括：①不得散布有损国家声誉的言论，参加非法组织，参加旨在反对国家的集会、游行、示威等活动，参加罢工；挑拨、破坏民族关系。②不得在对外交往中损害国家荣誉和利益。③不得违反有关规定参与禁止的网络传播行为或者网络活动。④不得泄露国家秘密、警务工作秘密。《刑法》第398条也规定了故意泄露国家秘密或过失泄露国家秘密罪等。

（二）维护公民合法权益等方面的纪律

1. 不得滥用职权，侵害公民、法人或其他组织的合法权益。《人民警察法》规定人民警察不得非法剥夺、限制他人人身自由，非法搜查他人的身体、物品、住所或者场所；不得违法实施处罚或者收取费用。

《宪法》第38条规定"中华人民共和国公民的人格尊严不受侵犯"，这条同样适用于犯罪嫌疑人及在押罪犯。《监狱法》第7条第1款规定："罪犯的人格不受侮辱，其人身安全、合法财产和辩护、申诉、控告、检举以及其他未被依法剥夺或者限制的权利不受侵犯。"司法机关人民警察不得侮辱罪犯人格，不可以使用暴力或者其他方法公然贬低、损害罪犯作为法定权利、义务主体的资格，破坏罪犯名誉，侵害其合法权利，也不可剥夺或限制罪犯的救济性权利。《公务员法》第59条明确规定不得对批评、申诉、控告、检举进行压制或者打击报复。

2. 不得刑讯逼供，体罚、虐待罪犯或犯罪嫌疑人，殴打他人或唆使他人打人。《人民警察法》《监狱法》规定不得刑讯逼供或者体罚、虐待犯罪嫌疑人或罪犯。《禁毒法》第44条第3款规定，"强制隔离戒毒场所管理人员不得体罚、虐待或者侮辱戒毒人员"。刑讯逼供是指审讯犯罪嫌疑人或罪犯时，使用肉刑或者其他非暴力的精神折磨

逼取口供的行为。同时前两部法律也规定了司法机关人民警察不得殴打或者纵容他人殴打罪犯。以上都是侵犯公民人身权利的行为，是我国宪法和法律所禁止的，也是国际人权公约规定的各国应普遍遵守的国际刑事司法准则。司法机关人民警察应当秉持法治与人权观念，保护公民基本权利，坚持实事求是、文明管理。

（三）合法履行职责等方面的纪律

1. 不得包庇、纵容违法犯罪活动。《人民警察法》规定人民警察不得弄虚作假、隐瞒案情，包庇、纵容违法犯罪活动。《公务员法》规定，公务员不得弄虚作假，误导、欺骗领导和公众；不得参与或支持色情、吸毒、赌博、迷信等活动。《监狱法》也规定了监狱人民警察不得私放罪犯，《刑法》第400条规定了私放在押人员罪等。以上都属于滥用职权的形式，人民警察包庇、纵容违法犯罪的行为损害法律尊严，严重败坏党和政府的威信，甚至会成为一些非法组织及黑恶势力的保护伞，因此应当加强司法队伍建设工作。

2. 不得玩忽职守、不履行法定义务。《人民警察法》规定人民警察不得"玩忽职守、不履行法定义务"；《公务员法》规定了公务员不得不担当、不作为、玩忽职守、贻误工作；《监狱法》第14条规定监狱人民警察不得玩忽职守造成罪犯脱逃。玩忽职守是指司法机关人民警察严重不负责任，不履行或者不正确履行职责，致使公共财产、国家和人民利益遭受损失的行为，一般表现为放弃、懈怠、不正确履行职责等。司法机关人民警察应当忠于职守、认真依法履行职责，如若在监管场所发生罪犯脱逃等严重的监管安全事故，将构成犯罪并受到严厉的法律制裁。

3. 不得徇私舞弊办理罪犯的减刑、假释、暂予监外执行。监狱人民警察不得徇私舞弊，对不符合减刑、假释条件的罪犯，提出减刑、假释建议，对不符合暂予监外执行条件的罪犯，予以暂予监外执行。《刑法》第401条明确规定了司法工作人员徇私舞弊减刑、假释、暂予监外执行罪。

（四）廉洁方面的纪律

1. 不得索要、收受贿赂，利用职务之便为自己或他人谋取私利。《人民警察法》第22条规定，人民警察不得敲诈勒索或索取、收受贿赂；不得接受当事人及其代理人的请客送礼。《监狱法》第14条规定了监狱人民警察不得索要、收受、侵占罪犯及其亲属的财物。司法机关人民警察利用职务或执行公务之便，索要、收受当事人、犯罪嫌疑人或罪犯及其亲属财物的行为，既是违法行为，也侵蚀警察队伍及形象，必然造成执法不公、贪污腐败现象。司法机关人民警察应当正确行使职权，保持清正廉洁。

2. 不得违反有关规定从事或者参与营利性活动。《人民警察法》规定人民警察不得从事营利性的经营活动或者受雇于任何个人和组织。《公务员法》也规定了公务员不得在企业或者其他营利性组织中兼任职务。

（五）其他纪律

《监狱法》第14条规定了专属于监狱人民警察的纪律，如不得为谋取私利利用罪犯提供劳务；不得违反规定私自为罪犯传递信件或者物品；不得非法将监管罪犯的职权交予他人行使等。司法部于2006年颁布了《监狱人民警察六条禁令》，这些具体措施是对监狱人民警察行为规范中纪律规定内容的具体化，主要有：①严禁殴打、体罚或者指使他人殴打、体罚服刑人员；②严禁违规使用枪支、警械、警车；③严禁索要、收受服刑人员及其亲属的财物；④严禁为服刑人员传递、提供违禁品；⑤严禁工作期间饮酒；⑥严禁参与赌博。

其他纪律是除上述法律规定之外的其他纪律，包括司法机关人民警察的组织纪律、道德纪律或其他法规规章作出的规定等，如司法机关人民警察不得有以下行为：①拒绝执行上级依法作出的决定和命令；②违反财经纪律、浪费国家资财；③违反职业道德、社会公德和家庭美德；④旷工或者因公外出、请假期满无正当理由逾期不归；⑤其他违法违纪行为。

学习任务三　司法机关人民警察的警容风纪

一、警容风纪的概念

司法机关人民警察的警容风纪是指由警察法律、规章所确定的人民警察在着装、仪容、举止、礼节、形象及尊严等方面行为规范的总称。警容风纪是司法机关人民警察政治素质、文明程度、精神风貌、纪律作风和战斗力的综合反映。

《人民警察法》第23条规定："人民警察必须按照规定着装，佩带人民警察标志或者持有人民警察证件，保持警容严整，举止端庄。"司法部《监狱劳动教养人民警察着装管理规定》《监狱和劳动教养机关人民警察违法违纪行为处分规定》等规章制度，对司法机关人民警察的警容风纪作出了具体规定。

加强对司法机关人民警察的警容风纪管理，有利于人民警察养成仪表端庄、纪律严明、令行禁止、雷厉风行的良好作风，同时也有助于促进司法机关人民警察队伍的正规化建设，密切同人民群众的联系，树立司法机关人民警察的良好形象。

二、司法机关人民警察警容风纪的内容

（一）必须按照规定着装和佩带人民警察标志，持有人民警察证件

司法机关人民警察按有关规定穿着统一制式警服，按照警服着装管理规定的要求配套穿着警服，是司法机关人民警察服饰方面的规范。制式服装包括常服、执勤服、作训服、制式衬衣及警帽、领带、腰带等。

（二）必须保持警容严整、举止端庄

1. 按照规定配套穿着警服，不得警服便服混穿。

2. 着装时，应当注意整体效果，注重出入场合和形象，做到举止文明。

学习单元三 司法机关人民警察的义务和纪律

案例讨论：

1. 1998年2月18日，孙某因强奸女性、强制侮辱女性、故意伤害、寻衅滋事数罪并罚，被昆明市中级人民法院判处死刑，剥夺政治权利终身。此后，孙某却离奇地逃脱了死刑，靠其母亲、继父通过熟人介绍，拉拢司法系统、监狱系统要职人员，里应外合，通过取保候审、保外就医、其母亲在狱外帮忙代办设计发明专利、在监狱多次获得表扬、立功等暗箱操作，获得多个"减刑"，并且在短短几年之后就出狱，成了昆明夜场的"大李总"。2019年7月26日，云南省高级人民法院依法对孙某案启动再审，被查涉案公职人员和重要关系人增至20人，其中包括两任云南省高级人民法院院长在内的6名领导干部。2019年12月15日，涉孙某案公职人员和重要关系人职务犯罪案一审宣判，20名被告人分别获刑2年至20年。2019年12月23日，云南省高级人民法院对孙某案经再审依法公开宣判，决定对孙某执行死刑，剥夺政治权利终身，并处没收个人全部财产。2020年2月20日，孙某被执行死刑。

2. 郭某在监狱服刑期间，其父亲通过给予财物的方式，直接或间接通过他人请托监狱领导及法院、检察院相关人员，为郭某快速减刑提供帮助。其中，多次给予时任监狱党委书记、监狱长的隋某现金，隋某在明知郭某不符合减刑的条件下6次主持监狱长办公会并签批报请减刑文件。在抱团腐败后的"精心运作"下，郭某的违规减刑成了现实。后经9次减刑，郭某于2019年7月24日刑满释放。2020年3月14日，刑满释放人员郭某在北京市一家超市内因拒戴口罩产生纠纷，将一名七旬老人殴打致死。在郭某的减刑案中，9名党员、公职人员被给予开除党籍、开除公职（取消退休待遇）处分，多人因涉嫌徇私舞弊减刑罪等被移送检察机关依法审查起诉。

问题：请结合以上案例，谈谈以上涉案的监狱警察违反了司法机关人民警察哪些义务和纪律。

思考题：

1. 司法机关人民警察的义务与纪律有何联系与区别？
2. 司法机关人民警察的纪律为什么必须是刚性的，而不是柔性的？

学习单元四 司法机关人民警察的组织管理

学习目标：
1. 了解我国司法机关人民警察的组织管理、录用、考核与奖惩、教育、训练相关知识。
2. 明确各司法机关人民警察部门的职能，掌握司法机关人民警察录用条件与程序、奖惩的具体内容、考核的方式方法。
3. 理解司法机关人民警察组织管理体制的内涵，进而结合工作实际分析司法机关人民警察组织管理中存在的问题，思考改进和完善的可行措施。

学习任务一 司法机关人民警察组织机构与职务序列

一、司法机关人民警察组织管理的概念

《人民警察法》第24条规定，"国家根据人民警察的工作性质、任务和特点，规定组织机构设置和职务序列"。

组织管理是指通过建立组织机构，规定职务或职位，明确责权关系等，以有效实现组织目标的过程。司法机关人民警察的组织管理是根据警察的性质、任务和工作特点，将个体的警察通过一定的形式组织起来，并进行的包括招录、教育训练、授衔、考核、奖惩、晋升、辞退等内容的管理。它既包括了静态的组织管理体制，也就是组织体系、机构间的隶属关系、权限划分等，也包含实现组织目标的动态管理活动，如司法机关人民警察的招录、教育训练、晋升和辞退等内容。

组织管理是司法机关人民警察队伍建设的前提和基础，建立一套科学、合理、高效的组织管理体制，对于调动司法机关人民警察工作的积极性，提高司法机关人民警察管理的科学化、现代化水平，促进队伍的正规化、专业化、职业化建设，具有十分重要的意义。

我国司法机关人民警察组织机构均分层设置，一般设置为中央级、地方级和基层警察组织，警力主要分布在地方和基层警察组织。

二、司法机关人民警察的组织机构设置

司法机关人民警察的组织管理体制是司法机关为实现有效组织管理而设置的各种机构、隶属关系、权限划分以及相应的领导机构、领导职责与权限等内容，包括司法机关人民警察的组织体制和领导体制。

（一）监狱和强制隔离戒毒机关人民警察的组织机构设置

1. 监狱和强制隔离戒毒机关人民警察的中央管理机构。监狱和强制隔离戒毒机关的人民警察以实行中央省级管理为主，中央管理机构为司法部，地方为司法厅（局）。根据《监狱法》和国务院有关规定，监狱人民警察和强制隔离戒毒机关的人民警察最高管理机构是司法部，司法部主管全国的监狱机关和强制隔离戒毒机关。司法部监狱管理局和戒毒管理局是司法部具体负责监狱工作和强制隔离戒毒工作的职能机构，具体实施管理、指导、协调全国监狱系统和强制隔离戒毒系统工作的机关。

2. 监狱和强制隔离戒毒机关人民警察的地方组织机构。各省（自治区、直辖市）设司法厅（局）主管本区域的监狱工作和戒毒工作，司法厅下设监狱管理局和戒毒管理局。省（自治区、直辖市）监狱管理局和戒毒管理局是本区域的监狱工作和强制隔离戒毒工作的行政管理机关，受司法厅领导，在业务上又受司法部监狱管理局和戒毒管理局的统一领导，具体负责本区域监狱和强制隔离戒毒各项业务工作。

3. 监狱和强制隔离戒毒机关人民警察的基层组织机构。基层监狱是执行刑罚、改造罪犯的主要组织机构，是整个监狱工作的主阵地。基层监狱人民警察机关按工作性质和职能，设置了一系列职能机构。具体有：监管改造系列的教育改造科、狱政管理科、生活卫生科和狱内侦查科；生产经营系列的生产科、计划财务科、劳资科；思想政治工作系列的组织人事科、宣传教育科；行政事务系列的办公室。

（二）法院和检察院人民警察的组织机构设置

《人民法院司法警察条例》第16~20条、《人民检察院司法警察条例》第15~19条对人民法院、人民检察院司法警察的组织管理体制作了明确规定，人民法院、人民检察院司法警察实行"编队管理，双重领导"的组织管理体制，其内涵包括以下三点：

1. 人民法院和人民检察院的警察的编制和建制由最高人民法院和最高人民检察院规定。编制是指组织机构的设置及其人员数量定额、结构和职务配置。建制指国家机构或团体内的编制和系统。我国《人民法院组织法》对司法警察如何进行组织机构的设置和管理没有明确规定，为规范人民法院和人民检察院司法警察组织管理，完善司法警察队伍建设，《人民法院司法警察条例》明确由最高人民法院统一规定人民法院司法警察的编制、建制，由最高人民检察院统一规定人民检察院司法警察的编制、建制。

2. 人民法院和人民检察院司法警察实行编队管理。编队管理是指在法院内部对司法警察的组织系统、机构设置、人员装备等实行警务化管理，以武装形式实施编队序列组成战斗集体。编队的组织机构分别为最高人民法院政治部和最高人民检察院政治

部下设的司法警察管理局，统管全国各级人民法院和人民检察院的司法警察工作。省高级人民法院和省人民检察院设立司法警察总队，中级人民法院和省辖市人民检察院设立司法警察支队，基层人民法院和县级人民检察院设立司法警察大队，各总队、支队、大队可以根据工作需要分别内设队、科、室。编队管理要求各级人民法院、人民检察院司法警察的管理权限由所在人民法院、人民检察院司法警察部门统一行使，所有司法警察必须纳入司法警察部门集中管理，统一调用，包括警力的统筹安排、训练、考核、任免、奖惩等事项权限均由司法警察部门行使。上级司法警察部门领导下级司法警察部门工作，各级人民法院、人民检察院司法警察部门之间通过这种领导关系编队而成司法警察队伍系统。编队管理能够从形式上使得分散的群体形成整体组合，打破管理职权上分而治之的概念，不仅使得本级法院、检察院的司法警察能够凝聚成一个快速、高效反应的整体，而且可以在全国法院、检察院系统内集结各级司法警察队伍，使之形成具有强大战斗力的有机组织。

3. 人民法院和人民检察院的警察实行双重领导。双重领导就是人民法院和人民检察院的警察必须接受所在人民法院院长、人民检察院检察长和上级人民法院、上级人民检察院司法警察部门的领导，接受所在人民法院、人民检察院司法警察部门的管理。双重领导是由司法警察的工作性质所决定的，作为本级人民法院、人民检察院干部队伍的重要组成部分和警务保障力量，司法警察必须听从于所在法院院长、检察院检察长的领导指挥；作为人民警察的警种之一，人民警察的特殊任务和警务化管理则要求下级司法警察部门必须接受上级司法警察部门的领导，以保持司法警察队伍的快速反应和整体战斗力。

本级法院院长、检察院检察长对司法警察的领导，主要通过司法警察部门领导对成员的管理活动来实现。根据《人民法院司法警察内务条令》第11~13条的规定，队长和政治委员是司法警察部门的领导，共同负责管理全队工作。队长对职能业务工作负全责，政治委员协助；政治委员对全队的政治思想工作负主要责任，队长协助。副队长、副政治委员协助队长和政治委员工作，在队长或政治委员临时离开工作岗位时，根据院长或者队长、政治委员的指定代行队长、政治委员职责。

上级司法警察部门对下级司法警察部门的领导，主要是业务上的领导，包括重大警务活动的指挥协调、重大情况汇报受理、警衔管理、下级法院司法警察训练组织的统筹规划等，此外还承担下级司法警察部门主要负责人的任免职备案工作。

"编队管理，双重领导"是我国人民法院、检察院司法警察队伍在长期的发展实践中建立起来的管理体制，它确立了司法警察部门对司法警察统一领导、统一指挥、统一管理、统一协调的权限，是司法警察队伍实现科学管理的基础，也是司法警察队伍正规化、专业化、职业化发展的必然要求。要健全司法警察的队伍管理，提高司法警察队伍的警务保障能力，就必须坚决贯彻落实"编队管理，双重领导"的管理体制，并根据各地司法实践情况不断改革完善与之相适应的具体模式。

三、司法机关人民警察的职务、职级序列

公务员职务、职级序列是指依据岗位责任轻重、工作繁简难易程度、任职资格条件的不同，将公务员职务自高至低区分为不同的职务层次，使之形成完整的层级结构。担任领导职位的实行职务序列，担任非领导职位的实行职级序列。职务、职级序列的设置与管理是公务员管理的重要内容。

（一）司法机关人民警察实行警察职务序列的意义

《公务员法》第16条规定，国家实行公务员职位分类制度。公务员职位类别按照公务员职位的性质、特点和管理需要，划分为综合管理类、专业技术类和行政执法类等类别。根据该法，对于具有职位特殊性，需要单独管理的，可以增设其他职位类别。各职位类别的适用范围由国家另行规定。第17条规定，国家实行公务员职务与职级并行制度，根据公务员职位类别和职责设置公务员领导职务、职级序列。第18条规定，公务员领导职务根据《宪法》、有关法律和机构规格设置。领导职务层次分为：国家级正职、国家级副职、省部级正职、省部级副职、厅局级正职、厅局级副职、县处级正职、县处级副职、乡科级正职、乡科级副职。第19条规定，公务员职级在厅局级以下设置。综合管理类公务员职级分为：一级巡视员、二级巡视员、一级调研员、二级调研员、三级调研员、四级调研员、一级主任科员、二级主任科员、三级主任科员、四级主任科员、一级科员、二级科员。综合管理类以外其他职位类别公务员的职务序列，根据该法由国家另行规定。这些规定为司法机关人民警察职务序列的设置与管理提供了法律依据。

2012年，中共中央组织部、最高人民法院、最高人民检察院联合签发《关于人民法院、人民检察院司法警察参照公安机关实行单独警察职务序列的意见》，明确人民法院、人民检察院司法警察实行警察职务序列，对推进人民法院司法警察的组织管理和队伍建设具有重大意义。

1. 警察职务序列是对司法机关人民警察在各司法机关中的地位和作用的准确界定。它清晰地界别了司法警察与法官、审判辅助人员及司法行政人员在职位工作性质、工作任务等方面的差别。

2. 警察职务序列是对司法机关人民警察职权性质的正确定位。司法警察是人民警察的警种之一，任务是预防、制止和惩治妨碍审判活动的违法犯罪行为，维护审判秩序，保障审判工作顺利进行，它是司法机关内的行政性执法力量。人民法院司法警察实行警察职务序列，正是基于对司法警察行政性执法力量的正确定位，将对司法警察的职权立法和职能履行产生重要推动作用。

3. 警察职务序列将有力推动司法机关人民警察管理体制的完善和队伍建设。人民法院司法警察实行警察职务序列，反映了司法警察的工作特点，强调司法警察是人民

警察的警种之一，应按照人民警察的工作规律设置组织机构和确立管理制度。明确司法机关人民警察的职务序列有助于建立科学的管理体制，推动司法机关人民警察的队伍建设。

4. 警察职务序列将有利于提高司法机关人民警察的待遇和工作积极性。长期以来，我国司法机关人民警察的工资待遇及福利都与职务挂钩，主要依据职务等级进行区别设置，领导职务的司法机关人民警察工资要高于非领导职务的司法机关人民警察，导致相当多非领导职务、警龄较长的司法机关人民警察待遇偏低，特别是中、基层单位的司法机关人民警察此种现象较为普遍，一定程度上挫伤了这部分警察的工作积极性。根据岗位工作的不同分别实行警官职务序列、警员职务序列和警务技术职务序列，打破行政级别在领导职务和非领导职务序列的工资待遇壁垒，建立二者之间待遇的平衡对应，有利于提高非领导职务司法机关人民警察的待遇和积极性，引导司法机关人民警察的职业化发展。

（二）司法机关人民警察职务序列的设置

根据《人民法院司法警察条例》《人民检察院司法警察条例》和中共中央组织部、最高人民法院、最高人民检察院《关于人民法院、人民检察院司法警察参照公安机关实行单独警察职务序列的意见》《公务员法》《人民警察法》等规定，监狱机关和强制隔离戒毒机关的人民警察以及人民法院和人民检察院司法警察的职务序列分为警官职务序列、警员职务序列和警务技术职务序列。履行警务指挥职责的司法警察实行警官职务序列，履行警务执行职责的司法警察实行警员职务序列，从事警务技术工作的司法警察实行警务技术职务序列。[1]

司法机关人民警察的警官、警员职务的设置与管理，参照公安机关内设综合管理机构警官、警员职务的有关规定执行。警官职务从高至低依次为厅局级正职、厅局级副职、县处级正职、县处级副职、乡科级正职、乡科级副职；警员职务从高至低分别为一级巡视员、二级巡视员、一级调研员、二级调研员、三级调研员、四级调研员，一级主任科员、二级主任科员、三级主任科员、四级主任科员、一级科员、二级科员。

监狱和强制隔离戒毒机关设置的行政领导有：监狱长、副监狱长/所长、副所长，监区长、副监区长/大队长、副大队长，分监区长、副分监区长/中队长、副中队长；另外，还专门设置政治工作机构和工作人员，政治工作机构有政治部、政治处等机构，政治工作人员职务序列有：政治部主任、副主任，政委、副政委，政治处主任、副主任，教导员、指导员等。

各级人民法院和人民检察院警察总队、支队、大队的警官职务从高至低依次为：总队长、副总队长，支队长、副支队长，大队长、副大队长，中队长、副中队长；总

---

[1] 由于我国人民法院司法警察并不从事警务技术性工作，因此，实践中人民法院的司法警察只实行警官职务序列和警员职务序列。

队内设科建制机构警官职务为：科长、副科长等，地方各级人民法院司法警察部门可根据工作需要和机构规格，设置主管政治工作的政治委员、副政治委员等警官职务。

地方中、基层人民法院司法警察部门的警员实行执法勤务机构警员职务序列，职务分为四等十二级，由高至低依次为：一级警务专员、二级警务专员、一级高级警长、二级高级警长、三级高级警长、四级高级警长、一级警长、二级警长、三级警长、四级警长、一级警员、二级警员。

关于司法警察警务技术职务序列的设置，相关法律规范或规范性文件暂未明确。

（三）司法机关人民警察的职务变动

司法机关人民警察职务变动的形式有晋升、降职和辞退三种。

1. 司法机关人民警察的晋升。司法机关人民警察的晋升包括职务、职级的晋升和警衔的晋升。

职务晋升是国家公务员任免机关根据工作需要和本人德才条件，按照有关法律规定，将公务员从原来的职位选拔到更高的职位，其职责、权力和待遇以及管辖范围也相应地提高和扩大。职务晋升有五种类型：

（1）考试晋升制，即采用竞争考试的方式，以考试成绩作为晋升依据的制度；

（2）功绩晋升制，以公务员工作成绩大小为标准的晋升制度；

（3）年资晋升制，以工作年限为晋升标准，任职人员的工作达到一定年限，如无重大过失，即获晋级和提职的制度；

（4）学历晋升制，以学历作为主要晋升标准的制度；

（5）越级晋升制，指对工作成绩特别突出、贡献卓越、社会影响大或能力特别强的公务员，不受学历和资历的限制，及时给予越级晋升的制度。

职级晋升，应当具备下列基本资格：晋升一级巡视员，应当任厅局级副职或者二级巡视员4年以上；晋升二级巡视员，应当任一级调研员4年以上；晋升一级调研员，应当任县处级正职或者二级调研员3年以上；晋升二级调研员，应当任三级调研员2年以上；晋升三级调研员，应当任县处级副职或者四级调研员2年以上；晋升四级调研员，应当任一级主任科员2年以上；晋升一级主任科员，应当任乡科级正职或者二级主任科员2年以上；晋升二级主任科员，应当任三级主任科员2年以上；晋升三级主任科员，应当任乡科级副职或者四级主任科员2年以上；晋升四级主任科员，应当任一级科员2年以上；晋升一级科员，应当任二级科员2年以上。

依据《公务员法》《人民警察法》及《人民法院司法警察条例》等规定，司法机关人民警察晋升职务、职级，应当具备拟任职务、职级所要求的思想政治素质、工作能力、文化程度和任职经历等方面的条件和资格；在规定任职资格年限内的年度考核结果均为称职以上等次；经司法警察专业培训并考试考核合格。晋升担任部门主要负责人的，还应先征得上一级司法机关人民警察部门同意。司法机关人民警察晋升职务、职级，一般应当逐级晋升。

司法机关人民警察警衔的晋升是指其警衔等级的上升，有关具体内容在警衔的晋级中进行介绍。

2. 司法机关人民警察的降职。根据《公务员法》《人民警察法》及《公务员职务任免与职务升降规定（试行）》，科员以上职务的司法机关人民警察，在定期考核中被确定为不称职的，应予降职。一般降低一个职务、职级层次。司法机关人民警察被降职的，其级别超过新任职务对应的最高级别的，应当同时降至新任职务对应的最高级别。降职的警察，在新的职位工作1年以上，德才表现和工作实绩突出，经考察符合晋升职务条件的，可晋升职务、职级。其中，降职时降低级别的，其级别按照规定晋升；降职时未降低级别的，晋升到降职前职务层次的职务时，其级别不随职务晋升。

3. 司法机关人民警察的辞退。司法机关人民警察的辞退是指司法警察所在机关依照法律规定的条件，通过一定的法律程序，在法定的管理权限范围内作出的解除其全部职务关系的内部行政行为。其直接结果是解除机关与司法警察的任用关系。根据《公务员法》《人民警察法》的规定，警察有下列情形之一的，予以辞退：①在年度考核中，连续2年被确定为不称职的；②不胜任现职工作，又不接受其他安排的；③因所在机关调整、撤销、合并或者缩减编制员额需要调整工作，本人拒绝合理安排的；④不履行人民警察义务，不遵守人民警察纪律，经教育仍无转变，不适合继续在人民法院工作，又不宜给予开除处分的；⑤旷工或者因公外出、请假期满无正当理由逾期不归连续超过15天，或者1年内累计超过30天的。

对有下列情形之一的警察，不得辞退：①因公致残，被确认丧失或者部分丧失工作能力的；②患病或者负伤，在规定的医疗期内的；③女性司法警察在孕期、产假、哺乳期内的；④法律、行政法规规定的其他不得辞退的情形。

学习任务二　司法机关人民警察的警衔管理

一、警衔的概念

（一）警衔的概念

警衔，也称警阶，即警察的官阶，是依据警察人员的职务和资历的差别所确定的区分警察等级、表明警察身份的称号和标志。

人民警察警衔是以人民警察现任职务、德才表现、担任现职时间和工作年限为依据，所确定的区分警察等级、表明警察身份的称号和标志，是国家给予人民警察的荣誉。

（二）警衔制度的沿革

现代警察的衔级制度起源于西欧。1829年法国和英国相继创建现代警察组织时，即对警察人员实行了衔级制度。此后,世界各国相继实行,虽然各国的衔级模式不尽相同,但已逐渐形成了世界通行的一种警察制度。

世界各国警察的衔级制度,大体可分为三种类型:将校尉型、非将校尉型和混合型。

将校尉型。这一类型的警衔设置名称的确定与军队实行的军衔基本相同,警衔等级是按将军(上将、中将、少将)、校官(上校、中校、少校)、尉官(大尉、上尉、中尉、少尉)、士官设置的。例如,苏联、朝鲜、越南、意大利、比利时、西班牙等国家都是如此。

非将校尉型。这一类型警衔设置与军队设置的军衔完全不同。从衔级的名称上大体可分为四种情况。第一种是以英国为代表的许多英联邦国家,采用警察总监、警司、警督、警员等衔级,但等级设置的多少又各不相同。如英国警衔设5等13级,澳大利亚警衔设5等12级。第二种是以德国为代表的一些国家和地区,衔级名称比较简明。如德国警察衔级设4等,即警监、警督、警长、警员,每等分为4级。第三种是以日本为代表的少数国家,不分等,只设级。如日本设警视总监、警视监、警视长、警视正、警视、警部、警部补、巡查部长及巡查共9级。第四种是以法国为代表的少数国家,把警察分为两大类,每类各设警衔若干等级。如法国把警察分为警官和保安官两类,共11个衔级;警官分为特级和1至3级,保安官分为1至6级和见习保安官。

混合型。这一类型是属于把将校尉与警官、警员等结合起来使用,或者把担任的职务等级与警衔融为一体的一种类型。美国、丹麦、冰岛、荷兰、尼泊尔等一些国家和地区均属于此种类型。如美国纽约市警察设10个衔级,即总局长、分局长、助理分局长、副分局长、督察、助理督察、警长、副警长、警官、巡警;丹麦警察的衔级设9级,即局长、第一副局长、第二副局长、指挥官、警察长、巡官长、巡官、警官、警员。

我国的人民警察同世界各国警察一样,除了有职务等级以外,还实行警衔制度。1992年7月1日《人民警察警衔条例》颁布,条例对警衔的等级设置、警衔的首次授予、晋级、保留、降级、取消等内容作了规定,标志着我国人民警察警衔制度正式建立。《人民警察警衔条例》颁布后,1992年9月10日《国务院批转公安部评定授予人民警察警衔实施办法的通知》,1992年9月12日国务院发布《人民警察警衔标志式样和佩带办法》,1993年12月24日公安部、国家安全部、司法部、最高人民检察院、最高人民法院发布《人民警察警衔工作管理办法》。以上1个条例和3个办法的颁布,标志着我国人民警察警衔管理工作正式进入规范化、法制化的轨道。2002年5月27日最高人民法院印发《人民法院司法警察警衔工作管理细则》,对人民法院司法警察的警衔工作作了进一步细化规定。

二、警衔制度的意义

实行警衔制度,对于充分发挥司法机关人民警察的作用具有十分重要的意义。

（一）实行警衔制度有利于司法机关人民警察队伍的科学管理和集中统一指挥

警察实行警察职务等级编制警衔，依据现任职务、担任现职时间、德才表现和工作年限评授警衔，是对其职业能力、职业道德、社会贡献等方面全面考察的科学评定。《人民警察警衔条例》引进了警衔的晋升考核、培训和淘汰机制，能够有效地调动司法警察的积极性，激发他们奋发向上的精神，促进优秀人才的脱颖而出。

警衔是区分人民警察等级、表明人民警察身份的外在标志。《人民警察警衔条例》第5条规定，警衔高的人民警察对警衔低的人民警察，警衔高的为上级。当警衔高的人民警察在职务上隶属于警衔低的人民警察时，职务高的为上级。通过警衔标志的使用，不仅能在正常情况下区分、协调等级关系，即使在建制被打乱、行政隶属关系不清的特殊情况下，也能根据警衔制度保证统一指挥、管理和协调，做到临阵不乱、忙而有序。

（二）实行警衔制度有利于司法机关人民警察队伍的正规化建设

警衔制度要求警衔只能授予人民警察，非人民警察不准授予，授衔必须履行严格的审批程序，由法律授权的领导批准，以防止警出多门，乱招乱聘。这有利于清理整顿队伍，依法从严治警，提高司法机关人民警察的队伍形象，促进司法机关人民警察队伍的正规化建设。

（三）实行警衔制度有利于增强司法机关人民警察的责任心和荣誉感

警衔是党和国家赋予人民警察的荣誉，是人民警察的地位、荣誉、权力的象征。它能鼓励司法机关人民警察增强责任心和组织纪律性，促进司法机关人民警察更加珍惜荣誉，明确自己所肩负的责任，时时处处以警察的标准严格要求自己，规范自己的言行，奋发向上，更加自觉地为审判事业建功立业。同时，司法机关人民警察佩带的等级符号、标志，具有公开性的特点，方便人民群众的监督，有利于增强司法机关人民警察的自尊心和组织纪律观念，注意警容风纪，塑造司法机关人民警察的外显形象。

（四）实行警衔制度有利于司法机关人民警察的国际交往与合作

警衔制度是被国际社会确认的警察等级形式，无论是处于何种社会制度下的国家，也无论是发达国家还是发展中国家的警察，全都实行各种形式的警衔制度。我国警察采用世界各国警察通行的警衔制度，有利于树立我国警察在国际上的良好形象，也便于与世界各国通行的警察管理制度接轨。

三、警衔等级的设置

警衔等级的设置是警衔制度的核心。《人民警察警衔条例》从我国人民警察的特点出发，在吸收国外经验的基础上，制定了我国警衔等级的设置方法。根据《人民警察警衔条例》的规定，我国人民警察警衔的设置为：

（一）警衔等级

《人民警察警衔条例》规定，除人民武装警察以外，公安机关、国家安全机关、监狱人民警察以及人民法院、人民检察院的司法警察均实行此种类型警衔。人民警察警衔共设总警监、警监、警督、警司、警员5等13级，从高至低分别为：

一等：总警监，副总警监；

二等：一级警监、二级警监、三级警监；

三等：一级警督、二级警督、三级警督；

四等：一级警司、二级警司、三级警司；

五等：一级警员、二级警员。

担任专业技术职务的人民警察的警衔，在警衔前冠以"专业技术"。在5等13级警衔的设置上，警监及以上为高级警官，警督为中级警官，警司及以下为初级警官。

（二）编制警衔

人民警察实行警察职务等级或职级等级编制警衔，授予人民警察警衔应以人民警察现任职务或职级、德才表现、担任现职时间和工作年限为依据。也就是说，我国人民警察的警衔主要依据人民警察的现任职务或职级，在兼顾德才表现、担任现职时间和参加工作年限等条件下，综合考核，最终评定授予。

担任综合管理机构警官职务的人民警察，实行下列职务等级编制警衔：

1. 部级正职：总警监；
2. 部级副职：副总警监；
3. 厅（局）级正职：一级警监至二级警监；
4. 厅（局）级副职：二级警监至三级警监；
5. 处（局）级正职：三级警监至二级警督；
6. 处（局）级副职：一级警督至三级警督；
7. 科（局）级正职：一级警督至一级警司；
8. 科（局）级副职：二级警督至二级警司。

担任综合管理机构警员职务的人民警察，根据职级等级编制警衔：

1. 一级巡视员：一级警监至二级警监；
2. 二级巡视员：二级警监至三级警监；
3. 一级调研员：三级警监至二级警督；
4. 二级调研员：三级警监至二级警督；
5. 三级调研员：一级警督至三级警督；
6. 四级调研员：一级警督至三级警督；
7. 一级主任科员：一级警督至一级警司；
8. 二级主任科员：一级警督至一级警司；
9. 三级主任科员：二级警督至二级警司；
10. 四级主任科员：二级警督至二级警司；

11. 一级科员：三级警督至三级警司；

12. 二级科员：一级警司至二级警员。

担任专业技术职务的人民警察，实行下列职务等级编制警衔：

1. 高级专业技术职务为一级警监至二级警督；

2. 中级专业技术职务为一级警督至二级警司；

3. 初级专业技术职务为三级警督至一级警员。

当前，我国人民警察的警衔编制具有"一职多衔，职衔交叉"的特征。"一职多衔"是指担任同一行政职务或职级的人民警察，可以有不同的警衔，如同样是处长，其警衔可能是三级警监、一级警督、二级警督。"职衔交叉"是指具备同一警衔的人民警察，其所担任的职务或职级可能不尽相同，例如，同样都是三级警监，其行政职务可能是副厅（局）长，也可能是处长，上一级职务的低档警衔与下一级职务的高档警衔存在交叉。"一职多衔，职衔交叉"可以全面衡量一个警察德才、资历、能力、贡献等综合因素，使广大基层干警在因客观条件而其职务得不到晋升的情况下，可以得到警衔的晋升，这有利于调动大多数基层干警的积极性，有利于新老人员的团结和交替。

四、司法机关人民警察警衔的评授

警衔既是区分警察等级、表明警察身份的称号和标志，也是国家给予人民警察的荣誉。警衔的评定授予必须符合法律规定的条件，依据法定标准和程序进行。

根据《人民警察警衔条例》和《人民法院司法警察警衔工作管理细则》的规定，人民法院评定授予警衔的人员，必须是人民法院司法警察建制的在编、在职、在岗的人员。"在编"即必须是属于国家规定的编制；"在职"即非离退休人员；"在岗"即从事司法警察工作的人员，不是专门从事司法警察工作的人员，不能评授警衔。

评授警衔以人民警察的现任职务或职级、德才表现、担任现职时间和工作年限为依据；从学校毕业和从社会上招考录用担任人民警察的，或者从其他部门调任人民警察的，根据确定的职务或职级，授予相应的警衔。

根据《人民警察警衔条例》及有关规定，司法机关人民警察警衔的评授应先由各级司法警察部门会同政工部门明确评定授予警衔的具体对象，然后进行组织鉴定、考核考察、体能测试和执法资格等级考试，经审核后，按批准权限上报领导审批。首次授予司法机关人民警察警衔的批准权限为：警监、警督由所在中央司法机关行政领导批准授予；警司由省级司法机关行政领导批准授予；警员由省级司法机关政治部主任批准授予；中央司法机关人民警察的警司、警员由中央司法机关政治部主任批准授予。

五、司法机关人民警察警衔的变动

（一）警衔的晋级

警衔的晋级是指人民警察的警衔由原衔级调任到上一衔级。根据《人民警察警衔条例》和其他有关规定，司法警察警衔晋级有以下途径：

1. 按期晋升。二级警督以下的司法警察，现衔级时间已满晋级期限，经考核具备晋级条件的，可在其职务等级编制警衔幅度内晋升一级警衔。按期晋升警衔的期限为：二级警员至一级警司，每晋升一级为3年；一级警司至一级警督，每晋升一级为4年。

2. 提前晋升。二级警员至一级警司的司法警察现衔级满1年和一级警司至一级警督的司法警察现衔级满2年，具有下列情况之一的，可以在其职务等级编制警衔幅度内提前晋升一级警衔：现衔级期间获得一级、二级英雄称号和一等功奖励或国家、省级劳动模范称号者；现衔级期间获得三等以上国家自然科学奖、科技进步奖、发明奖的个人或课题的一名主要贡献者；现衔级期间获得国家和省级政府特殊津贴奖励者；其他功绩突出者。

3. 选升。一级警督以上的司法警察，现衔级未达到其职务等级编制警衔的最高警衔，任现职满2年、现衔级满4年，德才表现和工作实绩优秀的，予以择优选升一级警衔。

4. 晋职晋升。晋职晋升分为两种情况：一是指司法警察由于职务提升，其警衔低于新任职务等级编制警衔的最低警衔的，应当晋升至新任职务等级编制警衔的最低警衔；二是指二级警督以下的司法警察，在职务提升前，其警衔已达到或者超过新任职务等级编制警衔的最低警衔，但现衔级时间已满晋级期限的，在晋升职务的同时晋升一级警衔。

5. 延期晋升。延期晋升是指晋级期限已满，尚在职务等级编制警衔幅度内，因不具备晋级条件而不能正常晋升。根据《人民警察警衔工作管理办法》，二级警督以下的司法警察具有下列情况之一的，予以延期晋升警衔：受行政警告处分或党内警告处分的，延期6个月；受行政记过、记大过处分或者党内严重警告处分的，延期12个月；受行政降级处分的，延期18个月；受留党察看处分的，延期24个月；不胜任本职工作、纪律松弛并造成不良后果的，可延期3至6个月。

6. 微调。2013年1月1日，经国务院批准，决定对二级警监（含）以下的人民警察，德才表现较好，在首次评授警衔的衔级期间内（包括在此期间职务晋升的），按照《首次评定授予人民警察警衔的标准》达到评授上一级警衔条件的，可在其职务等级编制警衔幅度内调整至上一级警衔。

司法警察警衔晋级的审批程序适用首次评定授予的审批程序，晋级的批准权限与首次授予警衔的批准权限相同。警司、警员提前晋升的，由最高人民法院政治部主任批准。

（二）警衔的降级

警衔的降级是指司法警察的警衔由原衔级调到较低的衔级。降级有两种情况：一是警察因不胜任现任职务被调任下级职务，其警衔高于新任职务等级编制警衔的最高警衔的，应当调整至新任职务等级编制警衔的最高警衔。二是警察违反警纪情节严重的，给予警衔降级处分，其警衔晋级的期限按照降级后的警衔等级重新计算，并收回原警衔标志。

警察警衔降级的审批程序适用首次评定授予警衔的审批程序。降低的批准权限与原警衔的批准权限相同。

（三）警衔的更换

警衔的更换是指已评定授予警衔的人民警察从其他政法部门调入任司法机关人民警察职务的，或者从行政职务调任专业技术职务，或者从专业技术职务调任行政职务的，需更换警衔。现衔级在其新任职务等级编制警衔幅度之内的，不再办理警衔审批手续，由调入单位在本人档案中注明并办理更换新的警衔标志手续；现衔级需作调整的，应当按照规定的批准权限和程序（晋级或降级程序）办理，并更换警衔标志。

（四）警衔的保留

警察离休、退休的，其警衔予以保留，警衔标志的授衔命令证书由本人保管，但不得佩带警衔标志。调离司法警察工作岗位或者辞职、辞退的警察的警衔则不予保留，由县级以上警察政工部门办理手续，按照审批权限逐级上报备案。

（五）警衔的取消

根据《人民警察警衔工作管理办法》，人民警察被依法判处刑罚、拘役、管制、免予刑事处分的，或者被开除公职、警籍、党籍的，其警衔相应取消，警衔标志和授衔命令证书均应收缴。

学习任务三　司法机关人民警察的录用

一、司法机关人民警察的录用及其意义

（一）录用的定义

司法机关人民警察的录用，就是指司法机关在编制限额内，按照规定的条件、原则和程序，采用一定的方法，选拔警察人员的过程。

司法机关人民警察的录用，必须是在编制限额内，坚持一定的条件，即："年满十八周岁的公民，拥护中华人民共和国宪法，有良好的政治、业务素质和良好的品行，身体健康，具有高中以上文化程度，自愿从事人民警察工作等国家规定的条件。"

司法机关人民警察的录用，必须遵循公开原则、平等原则、竞争原则、择优原则和德才兼备原则。

司法机关人民警察的录用，必须依照规定的程序进行。根据有关法律法规，司法机关人民警察的录用的程序主要包括：发布招考公告、资格审查、公开考试、考核、审批、培训、试用等。

司法机关人民警察的录用，应采用考试和考核相结合的方法，确保录用人员的质量。

（二）录用的意义

司法机关人民警察的录用，对于提高队伍素质，实现和保持队伍结构合理，加强司法机关人民警察队伍的管理，都有着重要的意义。

1. 录用是司法机关人民警察队伍管理的首要环节。
2. 录用是补充司法机关警察人员的基本途径。
3. 录用是实现司法机关人民警察队伍结构合理的保证。
4. 录用是提高司法机关人民警察队伍素质的重要措施之一。

二、司法机关人民警察录用的基本原则

（一）公开原则

首先，招考事项公开，通过报刊、广播、电视等新闻媒介发布招考公告，将招考的具体事项向社会公开；其次，考试面向社会，公开进行，平等竞争；最后，考试成绩公开，考试合格者的名单应张榜公布，并通知本人。

（二）平等原则

平等原则，指报考者在报考条件、录用考试和录用标准面前一律平等。凡符合规定条件的人员，都有平等的权利参加录用考试，在平等的条件下竞争。报考者在考试成绩和考核结果面前人人平等。录用与否主要取决于考试成绩的优劣和考核结果的好坏，不因民族、种族、性别、家庭出身、宗教信仰、财产状况、婚姻状况等原因而受到歧视或享有特权，而造成违法和制造人为的差异。凡通过考试、考核合格者，又符合录用条件，则担任司法警察的机会均等，都有权在平等的条件下被择优录用。

（三）竞争原则

竞争原则，一方面，在平等的条件下，报考者以自己的德才为条件，参加竞争考试，优胜者在竞争中产生，从而进入司法警察队伍；另一方面，人民法院和人民检察院为报考者提供一个平等竞争的机会，并通过报考者的竞争，将他们的文化知识水平、法律政策水平、分析问题和解决问题的能力分出高下，优胜劣汰，选拔优秀人才。

（四）择优原则

择优原则，指人民法院和人民检察院根据录用的条件，遵循公开、平等的原则，对考试考核合格者的政治立场、道德品质、文化知识、专业知识、身体素质等进行客观公正的衡量、比较、筛选，按照各方面的综合情况依次编排出拟录用候选人名册，在名册范围内，选择最优秀的人才进入司法警察队伍。

（五）德才兼备原则

德才兼备原则，指人民法院和人民检察院在录用司法警察时的择优标准包括两个方面：一方面是"德"，即报考者的政治立场、社会主义觉悟、道德品质、历史和现实表现；另一方面是"才"，即文化水平、专业水平、语言和文字表达能力、工作能力等。要选拔优秀人才，必须把德才两方面结合起来考虑，强调德才兼备。

三、司法机关人民警察录用的条件与来源

（一）司法机关人民警察录用的条件

司法机关人民警察必须具备良好的政治素质、业务素质、身体素质和心理素质。根据《公务员法》《人民警察法》和《人民法院司法警察条例》规定，担任司法机关人民警察应当具备以下条件：

1. 年满18周岁的公民。18周岁是衡量是否具备完全民事行为能力的年龄界限，作为执法人员的人民法院司法警察，首先自身应当具备完全的民事行为能力。

2. 拥护宪法。宪法是我国的根本大法，是全国各族人民共同意志的反映，它规定了我国的社会制度、国家制度和根本任务。只有拥护宪法，才能拥护党的领导，拥护社会主义；只有拥护宪法，才能自觉维护法律的尊严，克服特权思想，在工作中坚持执法为民，秉公执法，才能自觉树立服务意识，牢记全心全意为人民服务的宗旨。

3. 有良好的政治、业务素质和品行。担任司法警察必须具备良好的政治、业务素养和品行修养，要关心和了解时事政治，具备基本的政治理论常识、法律知识，有正确的政治立场，遵守社会公德，遵纪守法，思想正派，这是入警的基本素养要求。

4. 身体健康。健康的身体和充沛的精力，是适应司法机关人民警察繁重、艰苦的工作，掌握警务技能的基本条件。虽然《人民警察法》《人民法院司法警察条例》等对心理健康未作明确规定，但在相关录警文件中都有要求。在招录司法警察时，必须进行体检、面试、体能测试和心理测试，以保证入警人员身体能适应未来工作之需要。司法警察人员必须五官端正，身体健康，机智敏捷，男性身高一米七以上，女性身高一米六以上，无残疾，无重听，无口吃，无色盲，无色弱，裸眼视力一般在1.0以上。

5. 具有符合职位要求的文化程度和工作能力。一定的科学文化知识水平是做好司法机关人民警察工作的必要条件，也是全面提高司法机关人民警察素质的基础。《人民警察法》规定报考人民警察必须具有高中以上文化程度，但《公务员法》明确规定，公务员招考的一般条件要求具有大专及以上文化程度，司法机关人民警察是国家公务员的组成部分，应适用《公务员法》。当前，很多司法机关从司法机关人民警察队伍的长远发展考虑，新录用司法机关人民警察文化程度一般掌握在本科以上学历层次。少数民族聚居地区、边远地区录用司法警察按有关规定实行。

6. 自愿从事人民警察工作。有下列情形之一的，不得担任司法机关人民警察：①曾因犯罪受过刑事处罚的；②曾被开除公职的；③曾被国家机关辞退的；④有法律规定不得录用为公务员的其他情形的。

（二）司法机关人民警察录用的来源和途径

司法机关人民警察的录用主要有以下四个来源：①警察院校的毕业生；②普通大

学毕业生；③退伍转业军人；④党政机关、事业单位中适合从事司法警察工作的干部。

司法机关人民警察的录用途径有三种：①公开招考录用。这是司法机关人民警察建立、壮大队伍最主要的人才选拔机制。凡是符合司法机关人民警察招录职位资格条件的人员，均可以报名参加统一的招录考试，经考试、体检、考察合格的，择优录用。公开招录方式能够最大限度保障选拔人才的广泛性、程序的公开公平以及优秀人才的脱颖而出，遴选适合的人才进入司法警察队伍，有利于队伍的正规化、专业化和职业化建设。②调任、转任。根据《公务员法》《人民法院司法警察条例》《人民检察院司法警察条例》有关规定，国家公务员实行交流制度，交流的方式包括调任、转任。调任、转任到人民法院、人民检察院担任司法警察职务的，应当符合担任司法警察的条件和拟任职位所要求的资格条件。③军转安置。军队干部转业到地方工作，是国家和军队的一项重要制度，接收、安置军队转业干部是一项重要的政治任务。军队的军事化管理和警察的警务化管理在很大程度上有相近之处，因此，司法机关接收、安置军队转业干部任司法机关人民警察，既能够充分发挥军转干部的专业才能，又能促进司法机关人民警察队伍的警务化管理。

（三）司法机关人民警察的培养制度改革

为全面贯彻党的十九大精神，认真落实中央深化司法体制改革有关决策部署，建立健全体现司法机关人民警察职业特点、有别于其他公务员的招录制度，切实提高招警工作的科学化、规范化水平，加强对新形势下司法警务工作的组织保障和人才支持，中央机构编制委员会、国家公务员管理局、司法部、最高人民法院、最高人民检察院等部委达成一致意见，对我国司法机关人民警察的培养制度进行改革，建立招录便捷机制，采用入学即入警的培养模式，明确司法机关警察直接从司法警官院校的应届警察类毕业生中择优招录。

便捷机制的基本程序是：首先，各级司法机关根据工作需要、职位空缺、自然减员等情况，提前3年~4年拟定录用计划（专科学历的提前3年，本科学历的提前4年），逐级上报汇总，经省级司法机关审核后报省级公务员主管部门审定；其次，纳入便捷机制改革的司法警官培养院校根据审定的招考名额编制招生计划，招考录用、培养相应数量的学员，在校期间，以司法警察的职业标准和要求进行培养；最后，毕业前，由国家公务员管理局会同中央司法机关或各省级公务员主管部门，会同省级司法机关对这些应届警察类学员组织统一考试，经笔试、面试、体检、体能测评、考察均合格的，由学员按照成绩从高到低的顺序从拟录用司法机关人民警察的司法机关中选择职位。

便捷招录机制有利于吸引优质生源报考，培养作风过硬、业务精通、素质优良的人民法院司法警察人才，从源头上提升司法机关人民警察队伍的专业素质和整体战斗力，促进司法机关人民警察队伍的正规化、专业化和职业化建设发展。

四、司法机关人民警察录用的程序

司法机关人民警察录用的程序是根据一定规律编制的录用活动的先后顺序，并以一定的形式加以确定，使之制度化、法律化，成为相关人员遵守的法定程序。根据有关法律和文件，司法警察的录用的程序为：

（一）发布招考公告

在司法机关人民警察的录用考试前，司法机关应会同当地组织人事部门将招考的有关事项通过报刊、广播、网络、电视等向社会公告。招考公告的主要内容包括：招考条件；报名时间、地点、手续；考试时间、地点、科目、方式、内容；复习大纲、参考书目、录取时间等。

（二）资格审查

资格审查就是依照录用的条件，对报考人员的年龄、学历、行为表现等基本情况进行审查，只有符合规定条件的人，才被允许参加录用考试。资格审查的方式就是对报考人员所提供的各种证件、材料等逐一进行审查，在审查的基础上，给符合资格条件的人员发放准考证。

（三）考试

考试有笔试、面试两种形式。

1. 考试内容。

（1）笔试内容。

基础知识：包括党的方针、政策，时事政治，哲学、经济学常识，公文知识，语文与写作以及其他社会常识等。

职业能力：采取标准化考试办法，测查报考人员从事司法机关人民警察工作的潜在能力。

法律知识：重点是法律的基本知识以及从事司法警察工作的基本技能。

（2）面试内容。主要是测查报考人员的自我认识，语言表达能力，逻辑思维及推理、判断能力，分析问题和解决问题的能力，人际协调和应变能力等方面的素质以及速记能力等。

2. 考试合格分数线的划定。考试合格分数线的划定应根据本地考试总体水平和录用比例，由人事部门同人民法院、人民检察院决定。

3. 考试的组织。成批录用考试工作由各省、自治区、直辖市政府人事部门会同同级司法机关组织进行。考试方案需报省级人事部门、司法机关批准，由司法机关为主组织实施。笔试由各省统一命题、统一印卷、统一时间安排考试。面试由省人事部门同司法机关根据面试测评要素以及有关规定制定具体办法，统一制定试题，组织考官培训。

（四）考核

考核就是通过对考试合格者原工作、学习单位的调查了解，考察了解合格者的政治思想、道德品质、工作态度、业务能力等方面的表现和历史情况，以及是否需要回避的情况。考核要把阅档和考察了解相结合，把握标准，严格进行政治审查。

（五）体格检查

考试考核合格者应在指定医院进行体格检查，以证明其是否合乎所要求的健康标准。体格检查的项目和标准，由各地根据录用的身体条件并结合当地情况确定。

（六）审批

笔试、面试、考核、体检合格者允许填报《录用司法机关警察审批表》，根据干部管理权限，由各级司法机关审核同意后提出拟录用人员名单，同级人事部门审批。省属监狱机关和强制隔离戒毒机关由省级（自治区、直辖市）监狱管理机关和强制隔离戒毒机关审核，报省级人事部门审批，市属监狱机关由市级（市、自治区）监狱管理机关审核，报省级人事部门审批。省（自治区、直辖市）人民法院和人民检察院及其所属单位录用司法警察，由省（自治区、直辖市）人民法院和人民检察院政治部门审查同意后，报省级（自治区、直辖市）人事部门批准。

县（市）人民法院和人民检察院录用司法警察，由同级人事部门审查，报地区（州、盟、市）人民法院和人民检察院复审同意后，报地区（州、盟、市）人事部门批准。

地区（州、盟、市）人民法院和人民检察院录用司法警察，报省（自治区、直辖市）人民法院和人民检察院审核同意后，报地区（州、盟、市）人事部门批准。

未经地区（州、盟、市）以上人民法院和人民检察院审核同意，地区（州、盟、市）以上人事部门一律不予批准。未经地区（州、盟、市）以上人事部门批准，所补充的人员不能成为司法警察。对在录用中弄虚作假、徇私舞弊以及拉关系、走后门搞不正之风的当事人和主要负责人要坚决予以处分，构成犯罪的要追究刑事责任，对违反规定录用的人员一律予以清退。

经考试、考核、体检合格，但因数额限制未被录用的人员，可由各地人事部门会同人民法院和人民检察院共同建立后备人才库，以备临时录用司法警察人员之用。

（七）培训

司法机关人民警察应按照"先培训、后上岗"的原则，组织被录用的人民警察进行岗前培训，使他们了解司法机关人民警察的工作、司法机关人民警察工作的性质、任务，明确应遵守的行为规范，掌握执法技能、工作程序和方法，为正式任职奠定良好的基础。被录用的人民警察只有经过培训合格后才能上岗执行任务。

（八）试用

正式录用为司法机关人民警察的人员，一般要有试用期，时间为1年。试用期期间，司法机关应对被试用的司法警察人员进行政治思想、工作能力等方面的考察，试用期满后作出试用考察结论。试用合格者，可视其工作年限和德才表现确定职务等级。

对不符合条件或表现不好、不适应做司法机关警察工作的人员，取消其被录用资格，予以辞退或安排回原工作单位。需要进一步考察的，经主管部门批准，可延长试用期，但不得超过半年。延长试用期满后，仍不具备条件的，经由原批准机关批准予以辞退。

学习任务四　司法机关人民警察的奖惩与考核

一、司法机关人民警察的奖惩

司法机关人民警察的奖惩是指按照有关规定对司法警察工作方面的奖励或惩处。因司法机关人民警察工作表现突出或有一定的业绩而给予精神和物质奖励，以资鼓励，称为奖励。因司法机关人民警察工作上有过失或业绩不佳而给予的行政处分，称为惩处。《人民法院司法警察条例》第 27 条规定，人民法院司法警察的奖惩按照国家相关法律和有关规定及最高人民法院的有关规定办理。

（一）奖励

1. 奖励的条件。根据《公务员法》《人民警察法》等法律法规和相关文件的规定，对在办理重大案件、处理突发事件和承担专项重要工作中做出显著成绩和贡献的集体、个人，应当及时给予奖励；对在常规工作中表现突出，成绩显著的集体、个人，结合年度考评进行奖励。

2. 奖励的种类与等级。司法机关人民警察的奖励，根据奖励事项，可分为及时奖励和常规奖励；根据奖励对象，可分为个人奖励和集体奖励；根据奖励形式，可分为精神奖励和物质奖励。

及时奖励分为嘉奖、记三等功、记二等功、记一等功。常规奖励根据级别从低到高有嘉奖、记三等功、记二等功、记一等功和授予荣誉称号。对司法警察的奖励，以精神奖励为主，可以附加物质奖励，对个人还可以奖励提前晋升警衔。对于符合奖励条件的已故人员，可以追授为烈士或追授奖励。人民法院应按规定对获得奖励的集体或个人颁发奖牌、奖章、证书、奖金。

（二）惩处

1. 惩处的行为。根据《公务员法》《人民警察法》等的规定，司法机关人民警察有违反政治纪律、办案纪律、廉政纪律、组织人事纪律、财经纪律或者相关管理秩序和社会道德的行为，或者存在失职行为的，应当给予行政处分；构成犯罪的，依法追究刑事责任。

2. 惩处的形式。根据《公务员法》《人民警察法》的规定，对司法机关人民警察的处分包括警告、记过、记大过、降级、撤职、开除，由所在人民法院根据其违法违纪情节作出相应等级处分。受处分的期间为：警告，6 个月；记过，12 个月；记大过，

18 个月;降级、撤职,24 个月。

司法机关人民警察在受行政处分期间不得晋升职务和级别。受撤职处分的,应按照规定降低级别。在受处分期间有悔改表现,并且没有再发生违纪行为的,处分期满后,由处分决定机关解除处分并以书面形式通知本人。解除处分后,晋升工资档次、级别和职务不再受原处分的影响。但是,解除降级、撤职处分的,不视为恢复原级别、原职务。对受行政处分的司法机关人民警察,按照国家有关规定,可以附加降低警衔、取消警衔、停止执行职务和禁闭的处分。共产党员、共青团员违反纪律,在受到行政处分的同时,还要按照党章、团章的规定,给予必要的党纪、团纪处分。

二、司法机关人民警察的考核

司法机关人民警察的考核是指各级司法机关按照法定管理权限,依据一定的程序、方法及标准,对司法机关人民警察的德才表现和工作绩效状况进行科学评估,以此作为奖惩、培训、辞退及调整职务、级别和工资等方面的依据的一种管理制度。考核是警察组织管理的一项基础性工作,是正确评价司法机关人民警察德才表现和工作实绩,促进勤政廉洁,提高工作效能,建设高素质司法机关人民警察队伍的重要环节。

真实、全面、科学的考核结果是司法机关人民警察有效管理的前提和保障。要确保考核的真实性,必须规范考核程序,端正考核态度,严格执行考核制度。考核内容的设计要周延,各项考核内容分值比重要设置合理。考核标准要明确、合理、具有可操作性。考核方式上要坚持定性考与定量考相结合、平时考与年中考相结合、过程考与结果考相结合的动态绩效考核机制。要强化上级司法机关警察部门对下级司法机关警察部门的考评,重视考评结果的运用,以此作为奖惩、培训、任用、晋职晋级的依据。

(一)考核内容

依据《公务员法》第 35 条的规定,我国司法机关人民警察考核的内容包括德、能、勤、绩、廉五个方面。前两个方面是对司法机关人民警察个人素质的考核,后三个方面是对司法机关人民警察履行工作职责以及取得的工作实绩的考察评价。

1. 对德方面的考核。德主要是指思想政治素质、职业道德、社会公德和个人品德。司法机关人民警察在思想政治素质上要有正确的政治立场和坚定的政治信念,听党指挥,对党忠诚,忠于祖国,热爱人民,把保护人民的利益、维护国家法律的尊严作为自己的光荣使命。职业道德要求每位司法机关人民警察有高度的职业神圣感,有和犯罪分子进行殊死搏斗的大无畏英雄气概,能够严守警务工作秘密,遵守警务工作纪律,依法文明执法。社会公德主要考察司法机关人民警察在社会交往和公共生活中是否模范遵守社会行为准则,勇于同不良现象作斗争。个人品德主要考察司法机关人民警察能否树立正确的世界观、人生观、价值观,是否正直、诚信、谦虚谨慎,是否襟怀坦荡、光明磊落。

2. 对能方面的考核。能主要是指业务知识和工作能力。具体包括基本业务技能、应变能力、协调能力、创新能力等。担任领导职务的，还要重点考核政策水平和计划、决策能力。2012年最高人民法院围绕司法警察岗位能力要求修订了《人民法院司法警察训练大纲》，从理论基础、基本体能、基本技能和专业技能四个方面对司法警察提出训练要求，也是对司法警察岗位工作能力考核的基本要素。各级人民法院司法警察部门应以此为基础，建立对司法警察能力考核的评价指标。

3. 对勤方面的考核。勤主要是指工作态度和勤奋敬业的表现。具体包括纪律性、积极性、责任感、出勤率。对纪律性的考核内容包括警务工作纪律、会议纪律、训练纪律、警容风纪等；积极性包括工作积极性、训练积极性等方面，主要从承担的警务工作量、训练出勤率等考核；责任感是警务安全的重要保障，司法警察的责任感主要体现在是否严格履行程序规定，警务工作是否规范，有无警务安全隐患和事故发生；出勤率主要包括警务保障出勤、训练出勤、会议出勤等。对司法警察的"勤"的考核是一个长时间、周期性的动态综合考核，必须有及时、真实的档案记录，并建立相应的监督检查机制予以保障。

4. 对绩方面的考核。绩是指业务工作的实绩，包括完成工作的数量、质量、效率和贡献。绩效考核是司法警察考核的重点，也最能反映司法警察的工作成绩和贡献大小。绩效考核主要从工作任务的完成量和效果两方面进行。担任领导职务的，不仅要考核其个人岗位任务的完成情况，更要从部门或内设机构整体工作的成效考核其作为领导、管理者的绩效。

对司法机关人民警察工作实绩的考核应坚持定性与定量相结合的方式，既要注重对量的考评，更要重视警务工作完成的质量，特别是警务保障工作的安全是第一要务。为提高司法警察绩效量化考核的效率，各级司法机关警察部门应提高管理工作的网络信息化建设，开发合适的管理模块，分类、实时、自动统计司法机关人民警察的工作量和完成效果。通过对数据的网络管理、利用，不仅可以动态掌握本部门司法机关人民警察的履职信息，促进司法机关人民警察职能履行的规范性和透明度，还可以实现各级司法机关人民警察信息的共享和利用，提高考核管理与决策的科学性和效益性。各级司法机关应顺应大数据时代的变革潮流，革新传统管理理念，创新管理方式，充分利用高科技手段提高考核管理的效率，提升司法机关人民警察队伍的信息化管理水平。

5. 对廉方面的考核。廉是指廉洁自律，主要考核司法机关人民警察是否严格遵守党和国家廉洁从政的有关规定；是否廉洁奉公，有无利用职务或职权上的影响谋取不正当利益的行为；是否严格遵守公共财物管理的规定，有无假公济私、化公为私的行为；是否艰苦奋斗，勤俭节约，有无讲排场、比阔气、挥霍公款、铺张浪费的行为等。

（二）考核等次

考核等次是指考核结论中对被考核者所作的等次划分，标志着对被考核者任职情况的最终评价。《公务员法》对公务员定期考核结果分为四个等次，分别为优秀、称职、基本称职和不称职。司法机关人民警察实行公务员工资制度，其考核等次当然适用《公务员法》的相关规定。

考核主要是用于评价司法机关人民警察的岗位能力和履职情况，其结果是调整司法机关人民警察职务、级别、工资以及奖励、培训、辞退的依据，因此在考核等次的评定标准上，要根据不同职务序列的岗位职责制定具体的标准，不能"一刀切"。定期考核的结果还应当以书面形式通知警察本人。

思考题：

实行警衔制度有何意义？

学习单元五　司法机关人民警察的警务保障

学习目标：
1. 掌握司法机关人民警察警务保障的概念及制度意义。
2. 掌握司法机关人民警察的法律保障。
3. 掌握司法机关人民警察的社会保障。
4. 了解司法机关人民警察的后勤生活保障。

学习任务一　司法机关人民警察的警务保障概述

一、司法机关人民警察警务保障的概念

警务，又称警察事务，是指人民警察依照法律的规定，履行警察工作职责，行使警察职权，执行各项警察工作任务的总称。人民警察依法执行警务，不仅需要完备的法律制度予以保护，而且需要社会公众对于警察工作的开展提供必要的支持和协助，还需要国家和地方政府提供经费、装备、福利待遇等各个方面的保障，通过"软""硬"并举和"内""外"共建，共同组成人民警察警务保障的具体内容。《人民警察法》第一章第5条以及第五章所作出的规定，为人民警察的警务保障提供了明确的法律依据。

司法机关人民警察警务保障，是指检察机关、审判机关以及司法行政机关中的人民警察在依法执行警察职务的活动过程中，所需要的法律制度保障、社会保障和后勤生活保障。除《人民警察法》外，对于司法机关人民警察警务保障的规定，在《人民警察使用警械和武器条例》《监狱人民警察警用装备配备标准（试行）》以及《人民法院司法警察条例》《人民检察院司法警察条例》等法律文件中也有所体现。

二、建立健全司法机关人民警察警务保障制度的重要意义

依法执行警察工作是司法机关人民警察履行职责和发挥职能作用的最重要途径。因此，建立健全司法机关人民警察警务保障制度具有重要的意义。

(一) 为司法机关人民警察依法执行职务提供法律依据

司法机关人民警察是代表国家行使职权的，他们主要负责保障检察工作、审判工作以及罪犯教育改造等工作的顺利进行。建立健全司法机关人民警察警务保障之法律保障制度，利用国家法律、法规等形式，明确司法机关人民警察依法执行职务受法律保护，并对司法机关人民警察警务保障的具体内容加以规定，细化司法机关人民警察的职权和任务，明确各类社会主体和职能单位履行警务保障的责任和义务，既有利于保障人民警察职务活动的合法、有效开展，也可以加强对司法机关人民警察合法权益的保护。

(二) 鼓励人民群众为司法机关人民警察依法执行职务提供支持和协助

司法机关人民警察依法执行职务的行为，也是保障人民利益的行为。《人民警察法》第3条规定："人民警察必须……保持同人民的密切联系，倾听人民的意见和建议，……维护人民的利益，全心全意为人民服务。"建立健全司法机关人民警察警务保障之社会保障制度，教育引导广大人民群众积极配合、支持、不妨碍司法机关人民警察依法执行职务，鼓舞人民群众在司法机关人民警察需要时提供必要的便利和力所能及的帮助。这也是保障人民群众参与社会管理等宪法权利以及落实维护国家安全和利益等宪法义务的重要表现。

(三) 为司法机关人民警察依法执行职务提供物质保障，着力排除后顾之忧

司法机关人民警察的队伍建设以及正常警察职务活动的开展，以完备的办公配套设施等物质技术支持为前提和必要条件。因此，物质保障是司法机关人民警察警务保障的基础和关键。通过建立健全司法机关人民警察警务保障之后勤生活保障制度，加强对基础设施、装备的保障，对办公场所、办公设备等物质经费和技术条件作出详细规定，为司法机关人民警察履行工作职责、完成工作任务提供坚实的物质保障。

此外，建立健全司法机关人民警察警务保障之后勤生活保障制度，还体现在提供经费、社会福利、优抚优待等方面的制度保障，彰显出对司法机关人民警察工作的认可、肯定和关怀。司法机关人民警察的工作本身具有特殊性，如果能够将各项保障制度加以细化，全面、准确且及时地予以落实，可以在一定程度上提升司法机关人民警察的幸福感和满足感，鼓舞司法机关人民警察的工作热情，着力排除他们在生活、家庭等方面的后顾之忧，进而充分发挥他们进行工作的积极性和主动性，提升履职履责能力，以确保各项警察工作能够顺利、有效地开展。

学习任务二　司法机关人民警察的法律保障

司法机关人民警察的法律保障，是指国家通过法律、法规等形式，对司法机关人

民警察依法行使警察职权、执行警察工作任务等行为予以保障。法律保障是司法机关人民警察警务保障中最根本的保障，其通过发挥法律的威慑力和强制力，使司法机关人民警察的职责和权限能够得以实现和落实，因此处于核心地位。

一、司法机关人民警察依法执行职务，受法律保护

（一）对司法机关人民警察职务行为的保障，具有明确的法律依据

《人民警察法》第5条明确规定："人民警察依法执行职务，受法律保护。"这从全局角度，对人民警察依法行使职权的行为作出法律保障。除此之外，检察机关、审判机关以及司法行政机关所对应适用的法律法规，对其机关内部人民警察依法执行职务行为的保障，也进行了明确规定。例如，《人民检察院司法警察条例》第6条规定："人民检察院司法警察依法执行职务，受法律保护。"《人民法院司法警察条例》第6条规定："人民法院司法警察依法执行职务，受法律保护。"《监狱法》第5条规定："监狱的人民警察依法管理监狱、执行刑罚、对罪犯进行教育改造等活动，受法律保护。"

从法条的布局和定位上看，不难发现，上述相关条文均在相应法律法规的总则部分，这也表明，司法机关人民警察依法执行职务的行为受法律保护，是司法机关人民警察警务保障的一项基本原则。

（二）司法机关人民警察依法执行职务的具体含义

1. 职务行为受法律保护的条件。司法机关人民警察依法执行职务，是指司法机关人民警察按照法律的规定和法定程序，在职权范围内正确开展警察职务工作。因此，司法机关人民警察的职务行为要受到法律保护，必须同时符合以下两个条件：①主体法定，即只能是国家法律所明确规定的司法机关人民警察，本书第一章对此已作专章规定，此处不作赘述；②范围和程序法定，即司法机关人民警察只能在法律规定的职责和权限的范围内，按照法律规定的程序开展警察职务工作。

2. 依法执行职务的行为，不受法律的追究。司法机关人民警察依法行使职权是国家法律赋予的权力，依照法律的规定执行警察职务的行为，是代表检察机关、审判机关以及司法行政机关行使国家公权力的行为，而不是代表司法机关人民警察个人的行为。因此，只要是司法机关人民警察为保证工作顺利完成而完全依照法律规定的职责范围和权限作出的行为，都应受到法律的保护，其行为的法律后果均由该人民警察所在的司法机关依法承担，司法机关人民警察个人不承担行为的法律后果。反之，如果司法机关人民警察没有按照或者没有完全按照法律的规定执行职务，那么其行为整体或者部分将无法受到法律的保护，还会受到法律的追究，需要依法承担相应的法律责任。

二、司法机关人民警察必须严格依法执行警令

（一）警令的具体含义

根据《人民警察法》第32条、《人民检察院司法警察条例》第26条以及《人民法

院司法警察条例》第 28 条等的规定，司法机关人民警察必须要严格依法执行上级的决定和命令。因此从法律的规定来看，警令主要是指上级的决定和命令。这里的"上级"，不仅包括司法机关人民警察所在机关的上级机关，也包括司法机关人民警察所在机关的领导；而这里的"决定和命令"，主要是指上级机关或者上级领导按照宪法和法律的规定，代表国家意志在其权限和职责范围内，依照法定程序所作出的决定和命令。如此细致的要求便为司法机关人民警察依法执行警令增添了法律这一后盾保障。但需要强调的是，上级的决定和命令不能是代表个人的意志或者为个人利益所作出的。

（二）司法机关人民警察必须依法严格执行警令的必要性

在司法机关人民警察开展工作的过程中，十分强调组织纪律和职务服从。组织纪律是对人民警察行动上的要求，严格服从命令、听从指挥、令行禁止是司法机关人民警察队伍的重要标志，是做好一切工作的保证。司法机关人民警察的性质和工作任务具有特殊性，工作特点具有严肃性和权威性，这便要求司法机关人民警察在行权履责的过程中必须遵守依法严格执行警令这一基本原则。

司法机关人民警察依法严格执行警令不仅是为了确保对警察队伍统一指挥的有效性，也是为了凸显司法机关人民警察工作的时效性，防止因工作拖沓而产生不利影响，如果对于上级的决定和命令没有及时地予以坚决执行的话，有可能会耽误相关工作的开展，从而造成不必要的损失。同时，司法机关人民警察依法严格执行警令、保障警令畅通有利于提高人民警察的战斗力和工作效率，进而使国家法律法规能够得以正确、顺利地实施，使全心全意为人民服务的宗旨从根本意义上得以实现。

（三）司法机关人民警察对警令存在异议的处理

对于上级的决定和命令，司法机关人民警察必须无条件地严格依法执行，但这并非是绝对的盲目服从。《人民警察法》第 32 条、第 33 条等法律法规均明确规定了人民警察对于警令存在异议时的处理方式和程序，这些规定具有一致性，共包括五层含义，具体如下：

1. 司法机关人民警察认为上级的决定和命令有错误时，可以按照规定提出意见。通过法律的形式赋予司法机关人民警察对于警令提出异议、发表意见的权利，有利于及时发现错误，从而进一步纠正错误的决定和命令，避免造成不良的影响或者产生不应有的损失。

2. 司法机关人民警察在提出异议和发表意见时，必须严格遵循程序法定原则，按照法律规定的程序和步骤进行。

3. 司法机关人民警察在提出异议的同时，仍应继续执行警令，不得随意中止或者改变决定和命令的执行。司法机关人民警察的工作具有特殊性，在实践中，司法机关人民警察往往对于上级的决定和命令所作出时的形势、政策不够了解，有时出于主观判断，未能完全理解警令的真实用意，因此所提出的异议在很大程度上不会被采纳。

而且，对于异议的审查工作也需要一定的时间。如果擅自中止执行或者改变上级的决定和命令，将会使警令的时效性和针对性大打折扣，从而有可能会影响到正常的检察工作、审判工作以及司法行政工作的开展进行，相应地，司法机关人民警察也将承担行为的法律责任。

4. 当司法机关人民警察所提出的意见没有被上级所采纳时，仍然必须要服从和严格执行上级的决定和命令，不能自行决定中止或者改变决定和命令的执行。这也是司法机关人民警察的组织纪律和工作性质的要求。如果所提出的意见没有被采纳，且该决定和命令确有错误时，法律也作出了相关责任的界定，即提出异议的司法机关人民警察不承担执行决定和命令的法律责任，执行该决定和命令的后果由作出该决定和命令的上级机关负责，而不是由直接执行该决定和命令的司法机关人民警察负责。这样有利于减轻基层一线司法机关人民警察依法执行警令的心理负担，从而使警令得以更好地贯彻、执行。

5. 司法机关人民警察依法执行职务不受其他机关或个人的非法干涉和指挥，严格执行警令的范围仅限于法律、法规规定的司法机关人民警察的职责范围。如果上级的决定和命令超越了法律、法规规定的职责范围，对于这些警令，司法机关人民警察有权拒绝执行，同时应当按照法定的程序向所属的上级机关进行报告。

（四）司法机关人民警察实施违背警令或者超越警令范围的行为的处置

如果司法机关人民警察在开展警察工作的过程中，直接违背上级的决定和命令执行警务，或者在异议未被采纳后擅自违背警令执行警务，或者作出超越警令范围的行为，情节轻微或者没有造成严重后果的，应当给予批评教育，必要时可以采取停止执行职务等措施；情节严重或者造成严重后果的，应当依据《人民警察法》等有关规定给予记过、撤职、开除等行政处分；构成犯罪的，还将依法追究其行为的刑事责任。

三、司法机关人民警察的警用标志、制式服装、武器、警械、证件，受法律保护

（一）司法机关人民警察的警用标志、制式服装、武器、警械、证件是司法机关人民警察队伍身份的象征和标志

在我国，司法机关人民警察使用和管理警用标志、制式服装、武器、警械、证件均具有明确的法律规定，即司法机关人民警察的警用标志、制式服装、武器、警械、证件由国家统一监制和管理，为司法机关人民警察所专用，其他任何个人和组织都不可以非法制造、贩卖、持有和使用。违反以上规定的，除没收非法制造、贩卖、持有、使用的人民警察警用标志、制式服装、武器、警械、证件外，还将处以拘留、警告或者罚款等处罚，构成犯罪的，将依法追究行为主体的刑事责任。

对于司法机关人民警察的警用标志、制式服装、武器、警械、证件进行正规化管理，是贯彻从严治警方针、严格警容风纪的一项重要措施，也是司法机关人民警察依法执行职务的重要法律保障，在便于司法机关人民警察依法执行职务的同时，也有助

于广大人民群众对于司法机关人民警察的识别与监督。

（二）司法机关人民警察应当正确使用警用标志、制式服装、武器、警械、证件

除了法律法规特别规定的情形外，司法机关人民警察在工作时间应当正确着装。违反规定着装的，《人民法院司法警察着装管理规定》第 16 条根据违规情节和后果作出了详细的处置规定。对于情节轻微的，当场予以批评教育和纠正；对于情节严重、影响恶劣的，或者拒绝、阻碍批评教育和纠正的，可以根据相关规定暂扣其证件及相关物品，必要时，可以采取带离现场、停止执行职务等措施；对于屡教不改、造成严重后果的，可以对其进行通报批评，同时取消当年考核评优资格，必要时，根据相关规定予以纪律处分。

司法机关人民警察还应当按照规定正确使用武器、警械。司法机关人民警察违反规定使用武器、警械，构成犯罪的，依法追究其刑事责任；尚不构成犯罪的，应当依法给予其行政处分。

学习任务三　司法机关人民警察的社会保障

司法机关人民警察的社会保障，又称群众保障，是指公民和社会组织要依法积极地支持和协助司法机关人民警察依法执行职务。社会保障是司法机关人民警察顺利开展警务活动的有力保障。

在法治中国的建设进程中，政法工作一直强调"实行专门工作与群众路线相结合"，这一基本方针既是社会主义制度优越性在人民警察工作中的具体体现，也是我国人民警察工作的特色与优势。司法机关人民警察的工作职责归根到底是为了维护广大人民群众的合法利益，在开展具体工作中有时也需要发动广大人民群众和有关部门提供支持、协助和配合。尤其在法治建设的新形势下，司法机关人民警察更应坚持群众路线、做好群众工作、打牢群众基础、密切警民关系，积极探索鼓励群众广泛参与、依靠群众做好警务工作的新思路、新途径。

一、公民和社会组织必须要为司法机关人民警察依法执行职务提供必要的支持和协助

（一）公民和组织对司法机关人民警察依法执行职务提供支持和协助，具有明确的法律依据

我国《宪法》第 54 条规定，公民有维护祖国安全、荣誉和利益的义务。这为引导公民和组织积极支持和协助司法机关人民警察依法执行职务提供了宪法依据。当发生危害祖国安全、荣誉和利益的行为时，人民警察积极履职履责，在此过程中公民积极提供支持和协助的行为具有双重意义，既在享受安宁生活的同时落实履行了宪法义务，

也在无形之中行使了人民群众参与管理国家事务和社会事务的宪法权利。

根据《人民警察法》第34条第1款的规定，人民警察依法执行职务，公民和组织应当给予支持和协助。这为鼓励人民群众积极支持和协助警察工作提供了直接的法律依据。

《监狱法》第44条明确了监区、作业区周围的机关、团体、企业事业单位和基层组织等社会主体要积极协助监狱做好安全警戒工作；第68条明确了国家机关、社会团体、部队、企业事业单位和社会各界人士以及罪犯的亲属等要积极协助监狱做好对罪犯的教育改造工作。这为司法机关人民警察的社会保障提供了最为具体的法律依据。

宪法和法律进行明确规定，强化了广大人民群众共同建设社会主义和谐社会的主人翁意识，有助于保障司法机关人民警察的各项工作能够得以顺利开展和落实。

（二）提供支持和协助的具体含义

从行为方式上看，支持和协助最基本的要求表现为在司法机关人民警察依法执行职务时，公民和社会组织均应当积极地予以配合。例如，在进入人民法院时，应当积极配合人民法院司法警察做好安全检查工作；罪犯亲属应当积极配合监狱做好对罪犯的教育改造工作等。

支持和协助在更高层次上的要求则主要表现为在司法机关人民警察依法执行职务有需要的时候，公民和社会组织给予必要的帮助，而不是设置障碍。支持和协助的形式复杂多样，主要分为物质上、精神上以及行动上的支持和协助三类。其中，物质上的帮助主要表现为在司法机关人民警察依法执行职务有需要的时候，公民和社会组织提供交通工具、通信设备等物力帮助。精神上的支持主要表现为自觉维护正常的社会秩序、对司法机关人民警察依法执行职务的行为予以理解和支持以及通过舆论的方式弘扬社会正气等。行动上的帮助在范围上更加宽泛，人民群众往往拥有最为广泛且直接的犯罪线索，因此公民和社会组织为司法机关人民警察提供抓捕罪犯的线索就是在行动上的帮助；对于执行救人、追捕等紧急任务的司法机关人民警察让道而行或清除路障，也属于行动上的帮助；另外，协助司法机关人民警察制止他人冲击司法机关的行为，也是通过行动进行帮助的一种具体方式。

但是，需要特别注意的是，司法机关人民警察仍应是依法执行职务的主体，公民和社会组织只能起辅助性的作用，不能代替司法机关人民警察依法执行职务，以免造成人民警察权力的扩张。支持和协助也只能是在有条件和有能力的前提下进行，司法机关人民警察不能强行要求不具备相应能力的公民和社会组织对其工作进行支持和协助。

二、支持和协助司法机关人民警察依法执行职务的行为，受法律保护

《人民警察法》第34条第1款明确规定，公民和组织协助人民警察依法执行职务的行为受法律保护。这一规定使广大人民群众支持和协助司法机关人民警察依法执行职务的行为得到了法律的明确保障。公民和组织实施的支持和协助行为在法律上应当定性为正当行为,是符合法律规定、受到法律保护的行为,因此该行为不受法律的追究。

对于公民和组织实施支持和协助司法机关人民警察依法执行职务的行为,法律作出了奖励和补偿的相关规定。《人民警察法》第 34 条规定:"……对协助人民警察执行职务有显著成绩的,给予表彰和奖励。公民和组织因协助人民警察执行职务,造成人身伤亡或者财产损失的,应当按照国家有关规定给予抚恤或者补偿。"据此,对于有显著成绩的协助行为,应当给予行为人肯定性评价,对其进行表彰并给予奖励,这也是积极有效的舆论引导,有利于在社会上弘扬良好的社会风气。对于因协助行为而造成人身伤亡或者财产损失的,对其事迹也可以进行宣传和报道,或者授予荣誉称号等,还应当及时对其本人或者亲属进行抚恤或者补偿。反之,如果对于公民和组织的支持和协助行为不闻不问,或者没有及时合理地给予抚恤或者补偿,将可能会引起不满情绪,进而产生不良的社会影响。

这一规定不仅可以在维护公民合法利益的同时,鼓励和提倡广大人民群众在司法机关人民警察遇到工作困难或者有危难需要救助的时候挺身而出,充分调动了广大人民群众同违法犯罪行为作斗争的积极性和主动性,还有利于司法机关人民警察队伍密切与广大人民群众之间的协同联系。

三、妨碍司法机关人民警察依法执行职务的,应承担法律责任

司法机关人民警察在依法执行职务时,公民和社会组织应当予以积极地支持和配合,不得以任何理由进行非法干扰、拒绝或者阻碍,也不得对司法机关人民警察依法执行职务的行为进行威胁或者打击报复,否则将会受到法律的制裁,应当依法承担相应的法律责任。

对此,《人民警察法》《治安管理处罚法》等多部法律法规均有详细的处理规定。例如,《人民警察法》第 35 条规定了妨碍司法机关人民警察依法执行职务的多种情形及处理规定,即任何组织或者个人公然侮辱正在执行职务的人民警察,或者阻碍人民警察调查取证,拒绝或者阻碍人民警察执行追捕、搜查、救险等任务进入有关住所、场所,或者对执行救人、救险、追捕、警卫等紧急任务的警车故意设置障碍,或者实施其他拒绝或者阻碍人民警察执行职务的行为的,会被依法给予治安管理处罚。以暴力、威胁方法实施前述行为,构成犯罪的,还会被依法追究刑事责任。《治安管理处罚法》第 50 条也规定了对于阻碍国家机关工作人员依法执行职务,或者阻碍执行紧急任务的消防车、救护车、工程抢险车、警车等车辆通行的公民和组织,将被处以警告或者 200 元以下罚款;情节严重的,将处以 5 日以上 10 日以下拘留,可以并处 500 元以下罚款。对于阻碍人民警察依法执行职务的,从重处罚。

人民检察院司法警察的职责是预防、制止妨碍检察活动的违法犯罪行为,保障检

察工作的顺利进行，人民法院司法警察的任务是维护审判秩序、保障审判工作的顺利进行。因此，扰乱人民检察院、人民法院的工作秩序也是对相应机关司法警察依法执行职务的妨碍和干扰。《人民检察院司法警察条例》第9条规定："对以暴力、威胁或者其他方法阻碍检察人员依法执行职务的，人民检察院司法警察应当及时予以控制，并依法采取强行带离现场或者采取法律规定的其他措施。"同样地，《人民法院司法警察条例》也有类似规定，其在第8条至第14条详细规定了人民法院司法警察在人民法院审判秩序受到不同情形的妨碍时可以采取的不同措施。例如，在第10条中明确规定了对不宜进入审判区域而强行进入的，人民法院司法警察应当依法强行带离；对涉嫌违法犯罪的，人民法院司法警察应当予以控制，并视情节及时移送公安机关。

学习任务四　司法机关人民警察的后勤生活保障

司法机关人民警察的后勤生活保障，是指国家和相关司法机关为确保人民警察正常、顺利执行职务活动而提供的经费、装备、基础设施建设等物质技术支持以及工资福利、优抚优待等物质精神方面的待遇。随着我国社会政治、经济、文化形势和社会环境的发展变化，对司法机关人民警察的后勤生活保障提出了更高的要求。

一、司法机关人民警察的经费保障

（一）司法机关人民警察经费保障的法律依据

关于司法机关人民警察经费保障的法律依据，主要包括以下规定：

《人民警察法》第37条规定："国家保障人民警察的经费。人民警察的经费，按照事权划分的原则，分别列入中央和地方的财政预算。"

《人民检察院司法警察条例》第28条规定："人民检察院司法警察工作和训练所需经费应当得到保证，并列入人民检察院财务预算。"

《人民法院司法警察条例》第30条规定："人民法院司法警察工作和训练所需经费应当得到保证，并列入人民法院财务预算。"

《监狱法》第8条规定："国家保障监狱改造罪犯所需经费。监狱的人民警察经费、罪犯改造经费、罪犯生活费、狱政设施经费及其他专项经费，列入国家预算。国家提供罪犯劳动必需的生产设施和生产经费。"

（二）司法机关人民警察经费保障的具体含义

司法机关人民警察开展具体工作的经费是由国家给予财政保障的，且该笔经费列入中央和地方的财政预算。从整体上看，司法机关人民警察的经费负担主要采取事权划分的原则，即承担国家层面的警务工作，相关经费列入中央人民政府的财政预算；承担地方层面的警务工作，相关经费列入地方人民政府的财政预算；承担国家和地方共同的警务工作,相关经费则由中央政府和地方政府的财政部门按照相应比例负担。

司法机关人民警察的经费保障主要包括司法机关人民警察的工资、福利待遇、公务费、教育培训经费、基础设施建设费用以及购置装备的费用等。就监狱而言,还包括罪犯改造费、狱政管理费以及罪犯在改造期间的基本生活费用等。

二、司法机关人民警察的基础设施保障

司法机关人民警察的基础设施保障,是指为保证司法机关有序开展各项工作任务而依法建造、配备的建筑、设施、场地、办公用品等。基础设施的建设和使用是司法机关人民警察开展各项工作的物质基础和保证,是必不可少的外部条件。因此,司法机关人民警察的基础设施建设是一项着眼于长远发展的警心工程,为司法机关人民警察安心工作创造了有利条件,切实保证司法机关人民警察能够"安身、安心、安业"。

《人民警察法》第 38 条规定:"人民警察工作所必需的通讯、训练设施和交通、消防以及派出所、监管场所等基础设施建设,各级人民政府应当列入基本建设规划和城乡建设总体规划。"从整体上看,人民警察的基础设施保障应主要包括图像信息采集与视频监控等通讯设施,警察技能实训设施与警体训练设施,专用警车等交通设施,派出所以及强制隔离戒毒所、监舍等监管设施,消防设施这五个方面。

不同的司法机关对于基础设施建设的要求不同。例如,《监狱法》第 43 条明确规定,监狱根据监管需要设立警戒设施,监狱周围设警戒隔离带。《最高人民检察院政治部关于印发〈检察机关司法警察工作规范化建设标准〉的通知》(〔2002〕高检政发第 249 号)中明确提出,要重视对司法警察工作基础设施的投入,基本要有固定的办公用房和必要的训练场地;完成任务所必需的枪支、警棍、警绳、手铐等基本械具和警车、通信、电脑等办公设施;放置警械具、资料、档案的文件柜。在《住房和城乡建设部、国家发展和改革委员会关于批准发布〈人民检察院办案用房和专业技术用房建设标准〉的通知》(建标〔2010〕140 号)中,也对人民检察院警务工作室基本使用面积的参考指标进行了明确。

三、司法机关人民警察的装备保障

司法机关人民警察的装备保障,是指为确保司法机关顺利有效地完成各项工作任务和处置各类突发事件,保护司法机关人民警察的人身安全,提高司法机关人民警察依法履行职责的能力,而为其依法配备的警械、武器、通讯工具、防暴防护器材、安检设备、监控设备等。警用装备建设是司法机关警察队伍建设的重要组成部分。

司法机关人民警察警用装备的配备标准、使用以及管理具有严格的法律规定。《人民法院司法警察安全检查规则》第 4 条明确指出,各级法院审判法庭应配备安全检查门、手持金属探测器、物品柜等必要的安全检查设备,有条件的法院可配备 X 射线探测检查设备。2006 年,最高人民法院颁布实施《人民法院司法警察警用装备配备标准》,以表格的形式具体罗列了人民法院司法警察应当配备的警用装备。2008 年,司法部颁布实施的《监狱人民警察警用装备配备标准（试行）》这一规范性文件，对监狱人民警察警用装备的配备对象、项目、数量以及管理办法等作出了详细规定。该标准在第三章规定了警械、武器、防暴防护器材等六项监狱人民警察警用装备所具体包含的内容。例如，第5条规定："警械包括：手铐、脚镣、警棍、警哨、警绳、警戒带、多功能腰带、强光手电、应急灯、警用手壶、便携式无线报警器等。"

随着社会形势的不断发展变化，国家应当有计划地改善司法机关人民警察的装备设施，提高装备设施的科学技术含量，努力推广、应用先进的科学技术成果，逐步实现司法机关人民警察警务装备的现代化。

四、司法机关人民警察的工资、福利待遇

（一）司法机关人民警察的工资待遇

在我国，司法机关人民警察实行国家公务员的工资制度，并享受国家规定的警衔津贴和其他津贴和补贴等。根据《公务员法》第十二章的相关规定，公务员的工资制度由国家统一规定，贯彻按劳分配的原则，不同领导职务、职级、级别之间保持合理的工资差距，任何机关不得扣减或者拖欠公务员的工资。由于人民警察的工作具有特殊性，我国积极贯彻实施从优待警的措施，使人民警察的工资水平在整体上略高于行政机关工作人员。

根据规定，司法机关人民警察的工资主要由基本工资、津贴工资、补贴工资和奖金四部分组成。

1. 基本工资。基本工资实行全国统一的制度和标准，主要发挥维持司法机关人民警察基本生活的基础性作用。基础工资主要由职务工资和级别工资构成。

2. 津贴工资。津贴工资是对司法机关人民警察工作的适当补充，也属于工资的一种表现形式。津贴工资主要包括地区附加津贴、艰苦边远地区津贴、岗位津贴等。地区附加津贴因地区间经济发展水平等的不同而有所差异；艰苦边远地区津贴是对司法机关人民警察在艰苦边远环境下进行工作的一种补偿；岗位津贴则是为了补偿司法机关人民警察在某些特定岗位上进行工作而建立的，如执勤岗位津贴等。对人民警察而言，还有一项特有的国家法定津贴——警衔津贴，不同的警衔级别津贴数额也是不同的。

3. 补贴工资。补贴工资是国家对司法机关人民警察的工作生活给予一定程度补偿的工资，主要包括住房补贴、生活性补贴、医疗补贴以及公务交通补贴等。

4. 奖金。奖金也是司法机关人民警察工资结构的重要组成部分。在定期考核中被确定为优秀、称职的司法机关人民警察，可以按照国家规定享受年终奖金。年终奖金每年一次性发放。

（二）司法机关人民警察的福利待遇

司法机关人民警察依法享受国家规定的福利待遇。司法机关人民警察的福利待遇是国家出于减轻司法机关人民警察的经济负担以及丰富他们的精神文化生活的考量，根据经济社会的发展水平，在工资待遇之外给予司法机关人民警察经济上的帮助和生活上的照顾。给予司法机关人民警察福利待遇，不仅有利于改善他们的家庭生活、促进身心健康，而且有利于调动他们工作的积极性、提高工作效率，还有利于增强司法机关人民警察职业的吸引力。

根据规定，司法机关人民警察的福利待遇主要包括工时制度、探亲制度、福利费制度、年休假制度以及婚假丧假制度等。其中，工时制度是国家为合理安排人民警察的工作和休息时间，保障人民警察休息权的一项制度；探亲制度是规定人民警察与配偶、父母团聚的制度；福利费制度是国家解决人民警察家庭生活困难的制度；年休假制度是指人民警察在每年享受带薪休假的制度；婚假制度是指司法机关人民警察结婚依法享受的假期；丧假制度是指司法机关人民警察料理其直系亲属丧事的假期。

五、司法机关人民警察的抚恤和优待制度

在我国，人民警察的抚恤和优待是参照现役军人的标准执行的。根据《人民警察法》第41条的规定，人民警察因公致残的，与因公致残的现役军人享受国家同样的抚恤和优待。人民警察因公牺牲或者病故的，其家属与因公牺牲或者病故的现役军人家属享受国家同样的抚恤和优待。这充分彰显了国家对于人民警察队伍的肯定和重视。

2014年，民政部、最高人民法院、最高人民检察院等9个部门联合印发了《人民警察抚恤优待办法》（以下简称《抚恤优待办法》），使做好人民警察的抚恤优待工作，有了明确的规定可以参照执行。

（一）司法机关人民警察的抚恤制度

司法机关人民警察的抚恤，是指司法机关人民警察在职期间因公导致伤残、牺牲以及病故时，为激励人民警察的奉献精神，给予其本人或者遗属一定的物质帮助和精神安抚。根据《抚恤优待办法》的规定，人民警察抚恤优待经费列入财政预算，专款专用，社会组织和个人也可以对人民警察抚恤优待事业提供捐助。抚恤主要包括死亡抚恤和伤残抚恤。

1. 死亡抚恤。死亡抚恤是指人民警察死亡被评定为烈士、被确认为因公牺牲或者病故的，其遗属可以享受抚恤。可以享受死亡抚恤的主体包括烈士、因公牺牲、病故人民警察的父母（抚养人）、配偶、子女，没有父母（抚养人）、配偶、子女的，未满18周岁的兄弟姐妹和已满18周岁但无生活费来源且由该人民警察生前供养的兄弟姐妹，也可以享受。

人民警察死亡被评定为烈士的，发给其遗属烈士褒扬金，标准为烈士牺牲时上一年度全国城镇居民人均可支配收入的30倍。人民警察死亡被评定为烈士的或被确认为因公牺牲的，发给其遗属《中华人民共和国烈士证明书》或《中华人民共和国人民警察因公牺牲证明书》，并发给一次性抚恤金，标准为上一年度全国城镇居民人均可支配收入的 20 倍加本人 40 个月的工资；人民警察因其他疾病死亡被确认为病故的，发给其遗属《中华人民共和国人民警察病故证明书》和一次性抚恤金，标准为上一年度全国城镇居民人均可支配收入的 2 倍加本人 40 个月的工资。获得荣誉称号和立功（含死亡后追记、追认功勋）的人民警察死亡后，根据荣誉称号的级别和立功的等次，按照一定比例增发一次性抚恤金。对于生前作出特殊贡献的因公牺牲、病故人民警察，除发给其遗属一次性抚恤金外，还可以发给其遗属一次性特别抚恤金。

2. 伤残抚恤。可以享受伤残抚恤的主体为因战致残或者因公致残的人民警察本人。根据《抚恤优待办法》第三章的规定，伤残人民警察旧伤复发住院治疗期间的伙食补助费、经批准到外地就医的交通食宿费用，以及伤残人民警察需要配制假肢、轮椅等辅助器械的费用，已经参加工伤保险的，按照工伤保险有关规定执行；未参加工伤保险的，由其所在单位负责解决。同时，对于一级至四级伤残的人民警察，还将按月发给护理费。

（二）司法机关人民警察的优待制度

司法机关人民警察的优待，是指在乘坐公共交通工具或者子女教育等方面给予司法机关人民警察本人或者其子女一定条件的优惠或照顾。

根据《抚恤优待办法》的相关规定，伤残人民警察在乘坐境内运行的火车、轮船、长途公共汽车以及民航班机时，可以凭《中华人民共和国伤残人民警察证》优先购票，并享受减收正常票价 50% 的优待；在乘坐市内公共汽车、电车和轨道交通工具时，凭《中华人民共和国伤残人民警察证》可以免费。伤残人民警察本人、烈士子女、因公牺牲人民警察子女、一级至四级伤残人民警察子女可以按照有关规定享受教育优待。

需要特别注意的是，如果抚恤优待的对象被判处有期徒刑、剥夺政治权利或者处于被通缉期间，则中止其抚恤优待的待遇；如果抚恤优待的对象被判处死刑或者无期徒刑，则取消其抚恤优待的资格。

案例讨论：

1998 年 4 月 25 日晚上，某市女子谷某一行 11 人，聚餐之后分乘 3 辆小汽车离开饭店，寻找地方唱歌。上路后，其中一辆车与同向行驶的捷达出租车剐蹭，出租车司机夏某下车理论，被殴打。夏某招架不住，落荒而逃，并匆匆拨打 110 报警。

此时，在剐蹭的现场，围观者已聚成一圈。另一辆出租车停在附近，司机刘某摇下车窗看热闹，而他的车恰好停在谷某的同伴张某旁边。

张某问："你是看热闹，还是拉客？"

刘某随口答："拉客。"

对方突然破口大骂，伸手就是一拳。

刘某赶紧下车，正要理论一番，只见好几个人同时气势汹汹地向他冲过来，只好同样仓皇而逃。

恰在此时，时为某市公安局某分局巡警三中队民警的丁某接到110布警，驾驶警车和两位同事一起赶来。正在逃跑的刘某见到了救星，赶紧跑过来，对警察说："我是出租车司机，他们无缘无故打我。"警察刚下车，几个满身酒气的人已经追了过来。

随后事件的发展令围观市民大出意外。丁某首先亮明身份，而谷某一行人立即将矛头指向丁某。首先是污言秽语，接着，一名男子一拳打在他的脸上，丁某顿时鼻子出血。在这种情况下，丁某将打人男子按倒在地，戴上了手铐。

谷某等人暴怒，谷某从后面将丁某拉倒厮打，另一名警察也被谷某同行人打倒在地，围观的人们前呼后拥越来越多。为了使另一位民警的生命安全不受到严重危害，有效防止混乱事态进一步恶化，丁某掏出随身携带的手枪，对空鸣枪示警。喧闹的人群立即后退，包括谷某在内的众人一时被震住了。

然而，更令人意外的事情发生了。仅仅几秒钟后，谷某旋即上前用手拽住丁某的衣领说："你吓唬谁呀？还用枪打我呀！"遂又与丁某撕扯。来不及将枪入套的丁某急忙招架挡避，撕扯中枪响击中谷某右胸部，谷某摇摇晃晃倒地。

后经医院抢救无效，谷某死亡。

问题：本案中，要不要追究警察致谷某死亡的法律责任？

思考题：

你认为当前我国关于司法机关人民警察的警务保障还有哪些方面需要完善？其他国家和地区有哪些相关优秀经验可以借鉴？

学习单元六　司法机关人民警察的法律责任

学习目标：
1. 了解司法机关人民警察法律责任的概念、特征和意义。
2. 掌握司法机关人民警察法律责任的构成和追究原则。
3. 掌握司法机关人民警察法律责任的种类。
4. 理解司法机关人民警察法律责任的适用。

司法机关人民警察的法律责任是指人民警察违反法纪或不履行法定的义务所应当承担的制裁性后果，包括行政法律责任、刑事法律责任和侵权赔偿责任。按照法律规定，司法机关人民警察法律责任的构成必须具备四个要件：

第一，主体要件：承担责任的主体必须是司法机关及其人民警察。其中，侵权赔偿责任由人民警察所在的司法机关承担，承担赔偿责任的司法机关有权向有过错的人民警察进行追偿，行政法律责任和刑事法律责任由责任者个人承担。

第二，内容要件：在职务活动中实施了违法违纪行为。理解违法违纪的行为应当注意以下三点：①必须是人民警察在执行职务的活动中实施的，与人民警察的身份和职务行为密切相关；②违法违纪行为包括作为，也包括不作为；③责任承担所依据的法律法规、规章必须是现行有效的，这种责任是法律责任，内容和形式均由法律规定。

第三，结果要件：给国家、公民或者组织的利益或合法权益造成损害。损害的结果包括人身的、物质的、精神的损害，也包括对安全秩序等产生的危险。

第四，主观要件：人民警察实施违法违纪行为的主观方面是故意或者过失。故意是指行为人明知自己的行为会发生危害社会的结果，并且希望或者放任这种结果发生的心理状态。过失是指行为人应当预见自己的行为可能发生危害社会的结果，因为疏忽大意没有预见，或者已经预见而轻信能够避免，以致发生危害结果的心理状态。

以上四个要件缺一不可，必须同时具备才能构成司法机关人民警察的法律责任。否则，司法机关人民警察将不承担法律责任。

我国用法律形式明确人民警察的法律责任具有重要意义。它可以促进司法机关及人民警察更好地履行职责，防止滥用权力，提升司法机关及警察队伍的执法规范化水平，促进国家民主法治建设的发展。

学习任务一　司法机关人民警察的行政法律责任

一、司法机关人民警察行政法律责任的含义

行政责任是指因违反行政法律或因行政法规定的事由而应当承担的法定的不利后果，通常包括行政处分和行政处罚两种。

行政处罚，是指国家行政机关或者其他行政主体对实施违反行政管理秩序的行为但尚且不构成犯罪的公民、法人及其他组织，依照法律、法规或规章规定给予行政制裁的具体行政行为。行政处罚的种类包括警告，罚款，没收违法所得、没收非法财物，责令停产停业，暂扣或者吊销许可证、暂扣或者吊销执照，行政拘留，法律法规规定的其他行政处罚。行政处罚的适用对象是作为行政相对方的公民、法人或其他组织，属于外部行政行为。

行政处分，是指根据法律或国家机关、企事业单位、社会团体的规章制度规定，由国家机关、企事业单位和社会团体按照行政隶属关系，给予有轻微违法失职行为但尚且不够刑事处罚或违反内部纪律的所属人员的一种制裁性措施，也称"纪律处分"。行政处分的种类包括警告、记过、记大过、降级、撤职、开除。行政处分的对象是有行政隶属关系的行政公务人员，是一种内部行为和责任方式。

司法机关人民警察行政法律责任是指司法机关人民警察因违反法律或行政法规规定的事由而应当承担的不利后果。它与警察身份与职务紧密相联，因此仅指行政处分这种内部的行政行为和责任形式，而不包括行政处罚。

二、行政法律责任的形式

（一）行政处分

司法机关人民警察的行政处分，是指监察机关或者任免机关对实施违法违纪的司法机关人民警察，依照法定的权限和程序实施的一种内部行政惩戒措施。《人民警察法》第48条规定，对人民警察的行政处分可分为警告、记过、记大过、降级、撤职、开除六种。

（二）警纪处分

根据《人民警察法》第48条第2款规定："……对受行政处分的人民警察，按照国家有关规定，可以降低警衔、取消警衔。"警纪处分包括降低、取消警衔，是对人民警察的一种特殊惩戒措施。

降低警衔是指对受到行政处分或者违反警纪情节严重的司法机关人民警察的警衔给予降低一级的处分形式。《人民警察警衔条例》第21条规定："人民警察违反警纪的，可以给予警衔降级的处分……人民警察警衔降级不适用于二级警员。"

取消警衔是指对因违法犯罪受到一定处罚或者因违纪被开除公职的司法机关人民警察，取消其警衔，使其丧失人民警察身份及警衔津贴的一种处分形式。《人民警察警衔工作管理办法》第5条规定："人民警察被依法判处刑罚、拘役、管制、免予起诉、免予刑事处分和被劳动教养的，或者被开除公职、警籍、党籍的，其警衔相应取消，警衔标志和授衔命令证书均应收缴。"

（三）停止执行职务、禁闭等临时性措施的适用

停止执行职务和禁闭是指对违反纪律的司法机关人民警察，在必要时采取的临时性措施。《人民警察法》第48条第3款规定："对违反纪律的人民警察，必要时可以对其采取停止执行职务、禁闭的措施。"

停止执行职务是指为制止、查处人民警察违纪行为，预防事故，对违反纪律的人民警察在一定期限内停止其职务活动的行政措施。司法机关人民警察有下列行为之一的，可以对其采取停止执行职务的措施：拒不执行上级机关和领导的决定、命令或者违抗命令不服从指挥，可能造成严重后果的；涉嫌泄露国家秘密、警务工作秘密的；弄虚作假、隐瞒案情，包庇、纵容违法犯罪活动的；刑讯逼供或者体罚、虐待犯罪嫌疑人、被告人和罪犯，情节比较严重的；涉嫌敲诈勒索或者索取、收受贿赂的；违反规定使用武器、警械造成严重后果的；违法实施处罚或者收取费用造成恶劣影响的；接受当事人及其亲属或者代理人请客送礼，数额较大，造成恶劣影响的；从事营利性的经营活动或者应聘、受雇于任何个人、组织搞营利性经营活动，不听制止的；玩忽职守，不履行法定义务，造成严重后果的；其他违反纪律的行为有必要采取停止执行职务措施的。停止执行职务的期限为15天至3个月。

禁闭是指对违反纪律的司法机关人民警察在一定时间内限制其自由的惩戒措施。司法机关人民警察有下列行为之一并不听制止，可能造成恶劣影响的，可以对其采取禁闭的措施：违抗命令，不服从指挥，可能造成严重危害的；涉嫌泄露工作秘密或者为犯罪嫌疑人通风报信的；威胁、恐吓、蓄意报复他人的；殴打他人或唆使他人打人的；酗酒滋事、扰乱公共秩序和工作秩序的；其他有必要采取禁闭措施的。禁闭的期限为1天到7天。

对被停止执行职务或禁闭的人民警察应当收回其枪支警械和执行职务的有关证件。

学习任务二　司法机关人民警察的刑事法律责任

一、司法机关人民警察刑事法律责任的含义

刑事法律责任，是指行为人违反刑事法律规范，严重危害社会，而应当承担的法

定的不利后果。司法机关人民警察的刑事法律责任，仅仅指人民警察在执行职务的活动中实施了违反刑法规定、构成犯罪的行为，所应依法承担的法律后果。如果司法机关人民警察在非职务活动中实施危害社会的行为并构成犯罪的，也应当依法追究刑事法律责任，但这并非是本章所说的司法机关人民警察的刑事法律责任范畴。

司法机关人民警察的行政法律责任与刑事法律责任性质不同，不能相互混淆和抵消，二者的区别是：

1. 追究责任的机关不同。刑事责任只能由司法机关依照《刑法》的规定，严格按照《刑事诉讼法》规定的程序进行追究；而行政责任由国家特定的行政机关（一般由民警所属的机关）进行追究。

2. 违法行为严重程度不同。追究刑事责任的行为是犯罪行为，符合《刑法》所规定的某罪的犯罪构成；追究行政责任的行为则是一般违法行为。人民警察的违纪行为尚未构成犯罪的，只能追究行政法律责任。

3. 责任承担的形式不同。行政责任的承担方式一般是警告、记过、记大过、降级、撤职、开除等行政处分，或其他警纪处分等；刑事责任则是最严厉的制裁，主刑的种类有管制、拘役、有期徒刑、无期徒刑、死刑，附加刑的种类有剥夺政治权利、罚金和没收财产三种。

二、司法机关人民警察刑事法律责任的形式

司法机关人民警察的违纪行为尚未构成犯罪的，只能追究其行政法律责任。判断司法机关人民警察的违纪行为是否构成犯罪，则要在主体、主观方面、客体、客观方面看是否符合《刑法》规定的某罪的犯罪构成。犯罪的主体必须是司法机关人民警察，首先警察人员的犯罪行为与履行职务有一定的关系，其次警察人员的违法行为必须与危害结果之间存在因果关系。

1. 滥用职权罪、玩忽职守罪。《刑法》第397条规定国家机关工作人员滥用职权或者玩忽职守，致使公共财产、国家和人民利益遭受重大损失的，处3年以下有期徒刑或者拘役；情节特别严重的，处3年以上7年以下有期徒刑。

2. 虐待被监管人罪。《刑法》第248条规定，监狱、拘留所、看守所等监管机构的监管人员对被监管人进行殴打或者体罚虐待，情节严重的，处3年以下有期徒刑或者拘役；情节特别严重的，处3年以上10年以下有期徒刑。致人伤残、死亡的，按照故意伤害罪、故意杀人罪定罪从重处罚。监管人员指使被监管人殴打或者体罚虐待其他被监管人的，依照前款规定处罚。

3. 刑讯逼供罪、暴力取证罪。《刑法》第247条规定，司法工作人员对犯罪嫌疑人、被告人实行刑讯逼供或者使用暴力逼取证人证言的，处3年以下有期徒刑或者拘役。致人伤残、死亡的，依照《刑法》第234条、第232条的规定，即故意伤害罪、故意杀人罪从重处罚。

4. 侮辱罪。侮辱犯罪嫌疑人、强制隔离戒毒人员、罪犯人格，情节严重的，构成《刑法》第 246 条的侮辱罪。

5. 窝藏、包庇罪。《刑法》第 310 条规定，明知是犯罪的人而为其提供隐藏处所、财物，帮助其逃匿或者作假证明包庇的，处 3 年以下有期徒刑、拘役或者管制；情节严重的，处 3 年以上 10 年以下有期徒刑。犯前款罪，事前通谋的，以共同犯罪论处。

6. 私放在押人员罪、失职致使在押人员脱逃罪。《刑法》第 400 条规定司法工作人员私放在押的犯罪嫌疑人、被告人或者罪犯的，处 5 年以下有期徒刑或者拘役；情节严重的，处 5 年以上 10 年以下有期徒刑；情节特别严重的，处 10 年以上有期徒刑。

司法工作人员由于严重不负责任，致使在押的犯罪嫌疑人、被告人或者罪犯脱逃，造成严重后果的，处 3 年以下有期徒刑或者拘役；造成特别严重后果的，处 3 年以上 10 年以下有期徒刑。

7. 徇私舞弊减刑、假释、暂予监外执行罪，徇私舞弊不移交刑事案件罪。《刑法》第 401 条、402 条。

8. 非法拘禁罪。对犯罪嫌疑人、罪犯超期禁闭，时间超过 24 小时，可能会涉嫌构成《刑法》第 238 条的非法拘禁罪。

9. 贪污贿赂罪。《刑法》第 382 条至 396 条，规定了贪污罪、挪用公款罪、受贿罪、行贿罪以及私分罚没财物罪等罪名。

10. 敲诈勒索罪。《刑法》第 274 条。

11. 故意、过失泄露国家秘密罪。《刑法》第 398 条。

12. 非法出租、出借枪支罪，丢失枪支不报罪以及非法携带枪支、弹药、管制刀具、危险物品危及公共安全罪。《刑法》第 128 条第 2 款规定，依法配备公务用枪的人员，非法出租、出借枪支的，处 3 年以下有期徒刑、拘役或者管制；情节严重的，处 3 年以上 7 年以下有期徒刑。第 129 条规定，依法配备公务用枪的人员丢失枪支不及时报告，造成严重后果的，处 3 年以下有期徒刑或拘役。

13. 泄露不应公开的案件信息罪。司法工作人员、辩护人、诉讼代理人或者其他诉讼参与人，泄露依法不公开审理的案件中不应当公开的信息，造成信息公开传播或者其他严重后果的，处 3 年以下有期徒刑、拘役或者管制，并处或者单处罚金。

14. 非法提供麻醉药品、精神药品罪。《刑法》第 355 条的规定。

三、司法机关人民警察刑事法律责任的查处

《刑事诉讼法》规定了司法机关人民警察刑事法律责任追究的程序，分别有以下几项诉讼阶段：立案、侦查、提起公诉、审批、执行。

学习任务三　司法机关人民警察的侵权赔偿责任

一、司法机关人民警察侵权赔偿责任的含义

侵权赔偿责任，是指行为人因侵权而造成他人财产、人身和精神的损害，依法应承担的以给付金钱或实物为内容的责任方式。司法机关人民警察的侵权赔偿责任，则是指司法机关人民警察在执行职务中侵犯了公民、法人或其他组织的合法权益并造成了一定的损害而应当承担的赔偿责任。《人民警察法》第50条规定："人民警察在执行职务中，侵犯公民或者组织的合法权益造成损害的，应当依照《中华人民共和国国家赔偿法》和其他有关法律、法规的规定给予赔偿。"

二、司法机关人民警察侵权赔偿责任的形式

《国家赔偿法》第32条规定："国家赔偿以支付赔偿金为主要方式。能够返还财产或者恢复原状的，予以返还财产或者恢复原状。"因此，国家赔偿的方式有：支付赔偿金、予以返还财产或者恢复原状三种方式，其中支付赔偿金为主要方式。这三种方式可以单独适用，也可以在某些情况下合并适用。

世界各国大多规定了赔偿的标准，主要有惩罚性标准、补偿性标准、抚慰性标准，我国采用的是抚慰性标准。国家对精神损害不予赔偿，但是对造成受害人名誉权、荣誉权损害的，赔偿义务机关应当在侵权行为影响的范围内，为受害人消除影响，恢复名誉，赔礼道歉；造成严重后果的，应当支付相应的精神损害抚慰金。根据《国家赔偿法》第34条的规定，造成身体伤害，赔偿金最高额为国家上年度职工年平均工资的5倍；造成部分或者全部丧失劳动能力的，残疾赔偿金最高不超过国家上年度职工年平均工资的20倍；造成公民死亡的，赔偿金总额为国家上年度职工年平均工资的20倍。

三、侵权赔偿责任的种类

（一）行政侵权赔偿

司法机关人民警察在行使行政职权时，侵犯受害人的财产和人身权时产生的赔偿责任。

根据《国家赔偿法》第3条的规定，行政机关及其工作人员在行使行政职权时，有下列侵犯人身权情形之一的，受害人有取得赔偿的权利：①违法拘留或者违法采取限制公民人身自由的行政强制措施的；②非法拘禁或者以其他方法非法剥夺公民人身自由的；③以殴打、虐待等行为或者唆使、放纵他人以殴打、虐待等行为造成公民身体伤害或者死亡的；④违法使用武器、警械造成公民身体伤害或者死亡的；⑤造成公民身体伤害或者死亡的其他违法行为。

《国家赔偿法》第7条规定，行政机关及其工作人员行使行政职权侵犯公民、法人和其他组织的合法权益造成损害的,该行政机关为赔偿义务机关。两个以上行政机关共同行使行政职权时侵犯公民、法人和其他组织的合法权益造成损害的,共同行使行政职权的行政机关为共同赔偿义务机关。

国家追偿权是指国家对赔偿请求人承担赔偿责任后,应当要求有过错的国家机关工作人员承担部分或全部的赔偿费用的法律制度,它是国家对国家机关及其工作人员监督权的一部分。

（二）刑事侵权赔偿

司法机关人民警察因违法行使刑罚执行权或其他刑事司法职权时,因侵害受害人的人身权和财产权,由国家依法给予受害人赔偿的制度。

《国家赔偿法》第17条规定了行使侦查、检察、审判职权的机关以及看守所、监狱管理机关及其工作人员在行使职权时有侵犯人身权情形之一的,受害人有取得赔偿的权利。其中涉及司法机关人民警察刑事赔偿的内容有:①刑讯逼供或者以殴打、虐待等行为或者唆使、放纵他人殴打、虐待等行为造成公民身体伤害或者死亡的;②违法使用武器、警械造成公民身体伤害或者死亡的。《国家赔偿法》第18条规定,警察在行使刑事侦查权时,违法对财产采取查封、扣押、冻结、追缴等措施的,受害人有权取得赔偿。

在刑事赔偿中,国家有追偿权。根据《国家赔偿法》第31条的规定,警察有下列情形之一的,赔偿义务机关赔偿损失后应当向警察追偿部分或全部赔偿费用:刑讯逼供或者以殴打、虐待等行为或者唆使、放纵他人殴打、虐待等行为造成罪犯身体伤害或者死亡的;违法使用武器、警械造成罪犯身体伤害或者死亡的;在处理案件中有贪污受贿、徇私舞弊、枉法裁判行为的。

（三）民事侵权赔偿

司法机关人民警察在执行职务中,侵犯公民、法人或其他组织的合法民事权益并造成损害的,受害人有权获得赔偿。

四、国家不承担侵权赔偿责任的情形

（一）司法机关人民警察行使的与职权无关的个人行为

司法机关人民警察只有在行使职权时违法侵害公民、法人和其他组织的合法权益并造成损害的,才产生国家赔偿责任。如果是与职权无关的个人行为,即使造成严重后果,也不产生国家赔偿责任,而只能由实施侵权行为的民警个人承担。

（二）因公民、法人和其他组织自己的行为致使损害发生的

当损害的发生是由损害人自己的行为引起的、与司法机关及其民警执行职务的行为没有直接的关系时,国家不承担赔偿责任。例如,《国家赔偿法》第19条规定,因公民自己故意作虚伪供述,或者伪造其他有罪证据被羁押或者被判处刑罚的;因公民自伤、自残等故意行为致使损害发生的,国家不承担赔偿责任。

(三) 法律规定的其他情形

司法机关人民警察在行使警察职权行为的过程中，该行为造成行政相对人遭受实际的损失，但依照其他法律规定属于特定条件，不由司法行政机关承担责任的，国家则不承担赔偿责任。如制定行政法规、规章或者制定发布具有普遍约束力的决定、命令等抽象行政行为；监狱及监狱管理机关发布对其工作人员的奖惩、任免决定的行政行为；不可抗力、意外事件，由于第三者的过失等。

案例讨论：

1. 在押人员徐某因要求作为管教员的监狱人民警察罗某某摘掉加戴戒具未果而与罗某某发生争吵，罗某某持胶皮警棍长时间反复击打徐某腰、背、臀、腿等部位，导致徐某双侧季肋部、腰背部、双侧臀部及双侧大腿等部位大面积皮肤青紫变色、皮下组织及肌肉出现挫灭、出血等严重软组织损伤的情况，符合身体大面积软组织损伤造成的创伤性休克，最终导致徐某因多脏器功能障碍死亡。

问题：案例中，监狱人民警察罗某某应当承担什么法律责任？

2. 一天上午8时，监狱人民警察王警官在巡查罪犯劳动现场时，发现罪犯朱某有怠工迹象，朱某自称生病了干活干不动。王警官怀疑其装病，便用绳索将其捆起来，令其反省。在朱某表示会好好干活后，就被放开了。可是到11时，朱某又不干活，王警官对此很不满，生产任务这么重，朱某的行为会给其他罪犯带来不好的影响。王警官立即找朱某谈话，朱某又说身体虚弱干不了，并要求换工种。王警官更加怀疑朱某装病，他在工作中以前遇到过犯人装病逃避劳动的情况，于是决定教训朱某，以儆效尤。王警官叫人把朱某捆起来，并随手捡了一块木板在其额头上拍了两下，朱某又表示要好好干活，王警官再次放开了他，同时对其加强了监视。中午12时20分，王警官令朱某卸完推车上8块砖坯后吃饭，他磨磨蹭蹭卸了6块便蹲在地上。王警官一看，立刻火冒三丈，令人再次将朱某捆起来，吊直跪在地上，直到朱某表示服从管教、认真劳动才放开了。几分钟后，朱某突然脸色骤变，随即倒在地上。王警官立即将朱某送医院抢救。然而，下午2时，朱某抢救无效死亡，后经法医鉴定，朱某因综合原因休克死亡。

问题：本案中，王警官的执法行为有何错误，应该承担什么样的责任？

学习单元七　司法机关人民警察的执法监督

学习目标：
1. 了解司法机关人民警察执法监督的含义、意义。
2. 了解司法机关人民警察执法监督的类型。
3. 掌握司法机关人民警察执法监督的形式及手段。

学习任务一　司法机关人民警察执法监督概述

司法行政机关、审判机关和检察机关及所属的人民警察是国家法律的执行者，依法拥有刑事执法和行政执法的权力以及多种强制手段。因此，为保证公民及社会组织的合法权益的实现，规范司法机关人民警察的执法行为，对司法机关人民警察的执法行为进行法律监督具有重要意义，《人民警察法》第六章对人民警察的执法监督作了明确规定，为建立健全人民警察执法监督机制提供了重要的法律依据。

一、司法机关人民警察执法监督的含义

司法机关人民警察的执法监督，是指国家法律授权的机关、社会组织和公民对司法机关人民警察的执法活动，以及司法机关内部对警察的执法活动和遵纪情况进行的监察、督促、检查和纠正的行为。

司法机关人民警察执法监督有广义和狭义之分。狭义的司法机关人民警察执法监督是指司法警察机关内部上下级之间和内部专设的机构对所属警察人员履行职责、行使职权和遵守纪律的情况进行的视察、检查和督导监督。如各级司法机关内部设立的纪检监察督查机构警察的监督。广义的司法机关人民警察执法监督又称一般监督，包括执政党、权力机关、监察机关、检察机关、社会团体、公民对警察的监督。

二、司法机关人民警察执法监督的意义

（一）加强执法监督是贯彻依法治国方略的保障

依法行政是警察机关贯彻依法治国方略的必然要求，也是加强人民警察队伍建设的重要保障。高度的社会主义民主与健全的社会主义法治是我国现代化建设的目标之

一，而完善的监督体系则是高度的社会主义民主与健全的社会主义法治的保障。广泛有效地对人民警察的执法活动进行监督，可以阻止和抑制警察权的专断，使人民警察的执法行为规范、合法、适当。

（二）加强执法监督是完成人民警察任务的保证

"全心全意为人民服务"是人民警察的根本宗旨，这是国家的社会主义性质所决定的。司法机关人民警察依法代表国家行使职权，其权力是人民所赋予的，必然要接受人民群众的监督。《人民警察法》规定人民警察的任务，一是保护国家和人民的利益，二是打击违法犯罪活动。这都需要通过人民警察的具体执法活动来完成，人民警察必须做到严格依法行使职权，而有效的监督机制是完成任务的保证。

（三）加强执法监督是人民警察队伍建设的需要

通过对司法机关人民警察的执法行为进行监督，可以及时发现和纠正执法中可能出现的错误，提高人民警察的执法水平。另外，司法机关人民警察特殊的工作环境决定了在特定的领域和情况下，执法环境具有一定的封闭性，不便于外部监督，从而产生不公开透明及腐败现象。当前，司法机关人民警察队伍中仍然存在少数人民警察在执法中有越权及滥用职权的行为，加强对人民警察的执法监督是从严治警、加强人民警察队伍自身建设的需要。

学习任务二　司法机关人民警察执法的外部监督

司法机关人民警察执法的外部监督是指司法机关人民警察所属机关以外的享有监督权的主体对司法机关人民警察执法和遵纪守法情况进行的检查、督促的活动。

一、国家权力机关的监督

国家权力机关监督是指我国各级人民代表大会及其常务委员会，依据宪法和法律的规定，对司法机关、司法行政机关及人民警察的活动进行的监督。国家权力机关的监督具有最高层次性、最具权威性等特点。

权力机关的监督主要针对的是抽象行为。主要监督方式包括：一是立法监督，通过制定有关法律赋予警察相应的职权和职责，规范警察执行职务时的行为准则，同时改变或者撤销有关行政机关制定的与国家宪法、法律相抵触的警察行政法规和规章；二是工作监督，各级人大常委会均设立专门行使法律监督职能的委员会，对有关执法机关及其工作人员实施、执行宪法和法律的活动进行监督；三是质询和询问，各级人民代表大会常务委员会通过提出质询案和询问，对司法机关及人民警察的违法及失职行为进行督促查处。四是听取政府工作报告，全国各级人民代表大会听取和审查同级政府执行法律法规的情况及工作报告，同时具有任命权和豁免权等。

二、人民检察院的监督

中华人民共和国检察院是国家的法律监督机关。检察监督是指人民检察院是宪法和法律明确规定的专门履行法律监督职责的机关，其监督的对象和内容主要是警察机关、检察机关、人民法院的执法内容和程序。检察监督的特征有法定性、专门性、特定性等特点。因此，警察机关及人民警察的所有执法活动，均属于人民检察院的监督对象。

人民检察院的监督主要是对警察人员作出的具体行政行为是否合法进行监督，并依法追究其违法犯罪行为的法律责任。《人民检察院组织法》第20条规定了人民检察院对判决、裁定等生效法律文书的执行工作实行法律监督；对监狱、看守所的执法活动实行法律监督等法律职权。如根据《人民警察法》《看守所条例》规定，监狱、看守所受人民检察院的监督，具体的监督内容有：对监狱的收监活动是否合法进行监督；对监狱处理罪犯的申诉、控告、检举材料是否合法进行监督；对监狱批准罪犯暂予监外执行是否合法实行监督；对监狱提请的减刑、假释建议是否合法进行监督；对监狱释放罪犯是否合法进行监督；对监狱使用戒具和武器是否合法实行监督；对监狱内案件的侦查活动是否合法进行监督；对监狱人民警察个人的职务犯罪和非职务犯罪实行监督等。

人民检察院的监督方式有听取情况介绍，调阅有关文件和档案材料，列席有关会议；召开座谈会、调查会，进行个别谈话，实地查看等。

三、监察机关的监督

《宪法》第123条规定："中华人民共和国各级监察委员会是国家的监察机关。"《监察法》规定，各级监察委员会是行使国家监察职能的专责机关，依照本法对所有行使公权力的公职人员进行监察，调查职务违法和职务犯罪，开展廉政建设和反腐败工作，维护宪法和法律的尊严。

监察委员会是专责对履行公权力的公职人员进行监督的机关，是实现党和国家自我监督的政治机关。监察委员会既是党的机构，又是国家机构。在国家权力结构中设置监察机关，是把人大监督做实做细，强化人大作为国家权力机关的监督职能。《监察法》规定，人民法院、人民检察院、公安机关、审计机关等国家机关在工作中发现公职人员涉嫌贪污贿赂、失职渎职等职务违法或者职务犯罪的问题线索，应当移送监察机关，由监察机关依法调查处置。监察委员会依照法律规定独立行使监察权，不受行政机关、社会团体和个人的干涉。

司法机关人民警察属于国家公职人员，依法接受各级监察机关的监督。各级监察机关对司法机关人民警察的监督体现在以下几个方面：一是对司法机关人民警察开展廉政教育，对其依法履职、秉公执法、廉洁自律等情况进行监督检查；二是对司法机关及人民警察涉嫌贪污贿赂、滥用职权、玩忽职守、徇私舞弊等职务违法犯罪活动进行调查；三是对违法违纪的人民警察依法作出处分决定或移送人民检察院依法审查、提起公诉，对失职失责的领导人员进行问责等。

需要说明的是，权力机关的监督、检察机关的监督和监察机关的监督属于法定监督，是对警察人员执法的重要监督形式，是维护国家法制统一的重要手段。

四、社会监督

社会监督是指来自国家权力机关以外的社会组织、团体和公民个人依法对司法机关及其人民警察的执法活动进行的监督，是各类警察机关执法监督体制的重要组成部分。《人民警察法》第44条规定："人民警察执行职务，必须自觉地接受社会和公民的监督。人民警察机关作出的与公众利益有直接有关的规定，应当向公众公布。"《人民警察法》第46条规定了公民或组织对人民警察违法、违纪行为的检举、控告权，对依法检举、控告的公民或者组织，任何人不得压制和打击报复。

社会监督的特点有：①监督主体的非国家权力性，社会监督的主体不具有国家权力，如人民政协的提案、人民团体和组织的批评建议、新闻媒体及网络舆论的报道及公民个人的监督等；②监督主体的广泛性，社会监督是最为广泛和普遍的监督方式；③监督的多样性；④监督效力的非强制性，不产生法律后果。

（一）公民个人的监督

公民个人监督是指公民有权对国家行政机关及工作人员的活动提出批评和建议、申诉、控告、检举和揭发。《宪法》明确规定，中华人民共和国的一切权力属于人民，公民对于任何国家机关及其工作人员都有监督的权利。公民监督的制度主要包括举报制度、信访制度、申诉制度和复议制度。

（二）新闻媒体的监督

新闻机构通过新闻媒介，反映广大人民群众的意志和要求，揭发、检举和控告司法机关及人民警察的违法渎职行为。新闻媒体监督有形式的公开性、范围的广泛性和效力的非强制性等特点。通过媒体以及互联网等公共媒介，将整个社会纳入监督的视野，其中既包括国家机关及公务人员的抽象行政行为，也包括具体行政行为；既包括行政行为的合法性，也包括合理性。新闻机构以公开报道的方式表达公众意愿，从而形成舆论压力，促使相关权力机关对问题及时处理，制约公权力公开规范运行。目前，媒体舆论监督尤其是网络舆论监督正发挥着日益突出的作用。

（三）社会组织的监督

社会组织监督是指社会组织、群众团体对司法机关和警察人员的具体行政行为及活动进行的监督，包括人民政协、各民主党派、工会、共青团、妇联、居委会、村委会等主体。

人民政协是我国政治体系的重要组成部分，是共产党领导的多党合作与政治协商的重要机构，是发扬社会主义民主的重要形式，其性质决定了民主监督的性质和任务。

人民政协主要通过定期举行会议，政协委员进行调查、视察和提案多种方式，对司法机关及人民警察的活动进行监督。

学习任务三　司法机关人民警察执法的内部监督

司法机关人民警察执法的内部监督，是指上下级机关之间、同一警察机关的干警之间及业务部门之间对执法行为进行经常性的审核、检查和约束的制度。[1] 它与外部执法监督共同构成司法机关人民警察的监督体系，二者互为补充，缺一不可。相比于外部监督，内部监督有直接性、易改性、及时性等特点。

一、纪检监督

纪检监督是中国共产党党内的纪检督察。党的十八届六中全会通过《中国共产党党内监督条例》，对党内监督的指导思想、基本原则、监督主体、监督内容、监督对象、监督方式等重要问题作出了规定，为新形势下强化党内监督提供了根本规则。

党的各级纪律检查委员会是党内监督的专责机关，履行监督、执纪、问责职责，对所辖范围内党组织和领导干部遵守党章、党规、党纪，贯彻执行党的路线方针政策情况进行监督检查。

二、上下级机关之间的监督

上级机关监督是指人民警察的上级机关对下级机关的执法活动进行监督。《人民警察法》第 43 条规定："人民警察的上级机关对下级机关的执法活动进行监督，发现其作出的处理或者决定有错误的，应当予以撤销或者变更。"上级的监督形式主要有通过请示报告制度实行监督、通过部署重大任务实行监督、实行统计监督、督促检查等。

下级对上级的监督是指司法机关人民警察的下级机关对上级机关，人民警察对本单位、本部门领导的监督。[2] 下级监督的方式有提出批评和建议，采取控告、检举的形式向上级机关或部门进行揭发严重违法违纪行为等。

三、警务督察制度

督察制度是指警察机关的督察机构在其职责范围内，运用法律允许的手段和必要的措施，对警察机关及其警察依法履职执法和遵纪情况进行检查和监督的有关规定和准则。[3]

2006 年司法部颁发了《司法部关于加强警务督察工作的意见》（司发通〔2006〕50 号），进一步明确了警务督察的任务和工作职责，包括重要警务部署、措施、活动的

---

[1] 任莉桃主编：《警察学》，法律出版社 2020 年版，第 278 页。
[2] 陈连喜主编：《监狱人民警察概论》，中国政法大学出版社 2018 年版，第 150 页。
[3] 程琳主编：《警察法学通论》，中国人民公安大学出版社 2018 年版，第 189 页。

组织实施情况；监狱、劳教所突发事件处置情况；监狱、劳教所规范执法情况；警察执勤现场履行岗位职责情况；警察严格执纪、文明执法和遵守警容风纪情况；警察使用武器、警械及警用车辆、警用标志情况。

警务督察须按照相应的程序进行，并作出合理的处置措施。①纠正措施，如违反警容风纪的可以当场予以纠正；②强制措施，如拒绝、阻碍督察人员执行现场督察工作任务的，必要时可以带离现场；③处分措施，如决定停止执行职务、采取禁闭措施等；④移送措施，如认为需要给予处分或者降低、取消警衔的，督察机构应当提出建议，移送有关部门依法处理；涉嫌违法犯罪的，移送司法机关依法处理等。[1]

警务督察作为警察内部监督的特色机制，对司法机关人民警察依法履职、正确行使职权、严格警容风纪发挥着重要作用，是司法机关内部管理规范有序的有效措施之一。

四、回避制度

职务回避制度是指人民警察在执法活动中有法定的回避情形，必须停止参加该活动，以保证秉公执法的法律制度。[2]《人民警察法》第45条规定了人民警察在办案过程中的回避：一是本案的当事人或者是当事人的近亲属的；二是本人或者其近亲属与本案有利害关系的；三是与本案当事人有其他关系，可能影响案件公正处理的。职务回避制度是司法机关人民警察的自我监督和公民监督相结合的监督方式，有利于人民警察秉公执法、维护司法机关的威信、维护执法对象的合法权益。

---

[1] 高文英、刑捷主编：《警察法学》，中国政法大学出版社2018年版，第366页。
[2] 冯德文编著：《警察学概论》，中国人民公安大学出版社2005年版，第172页。

学习单元八　司法机关人民警察的职业道德

学习目标：
1. 掌握司法机关人民警察的核心价值观。
2. 掌握司法机关人民警察的职业道德规范要求。
3. 掌握提升职业道德修养的途径和方法。

学习任务一　司法机关人民警察职业道德概述

一、职业道德概述

道德是人类社会生活中调节人与人、人与自然的关系，是由经济关系决定，依靠人们的内心信念和社会舆论维系的，并以善恶为标准进行评价的原则规范、心理意识和行为活动的总和。[1]职业道德是社会道德的重要组成部分，学习、掌握职业道德是社会生活的客观要求，也是个人社会化的重要途径。

职业是社会分工的产物。自从有了一定的社会分工之后，人们便长期从事某一种具有专门业务和特定职责的社会活动，并以此作为自己获得生活资料的主要来源。在职业活动中，如何处理职业活动与社会需要的关系，如何处理职业内部和不同职业之间的关系，以及职业活动者如何对社会尽职尽责、自觉履行义务，便构成了职业道德所要解决的问题。

所谓职业道德，就是适应各种职业的要求而必然产生的道德规范，是社会上占主导地位的道德或阶级道德在职业生活中的具体体现，是人们在履行本职工作过程中所应遵循的行为规范和准则的总和。它包括职业观念、职业情感、职业理想、职业态度、职业技能、职业纪律和职业良心、职业作风等多方面的内容。职业道德中的准则和规范是由社会生活的总体需要和各种职业实践中的具体利益以及具体活动内容方式所决定的，是在长期的特殊职业实践中逐步形成的。

---

[1] 参见魏英敏主编：《新伦理学教程》，北京大学出版社2003年版，第99页。

二、司法机关人民警察职业道德的概念

司法机关人民警察职业道德是指监狱、强制隔离戒毒机关等司法行政机关和法院、检察院等司法机关的人民警察在职业活动中应当遵循的道德准则和规范的总和。司法机关是政治机关，具有维护国家政权的功能，司法机关人民警察职业道德是共产主义道德在这一特殊职业生活中的具体表现，其调整的社会关系是司法机关人民警察之间在执行职务过程中所发生的道德关系，包括司法机关人民警察在职务活动中同罪犯、强制隔离戒毒人员、犯罪嫌疑人、诉讼参与人之间的道德关系，以及司法机关人民警察因职业活动而产生的同社会其他个人和集体的道德关系。

三、司法机关人民警察职业道德的特征

司法机关人民警察职业道德反映了司法机关警察的职业心理、职业习惯、职业传统和职业理想，具有自身独特的一些特征。

1. 在范围和对象上，司法机关人民警察职业道德具有鲜明的专业性和对象的特定性。司法机关人民警察职业道德主要是同司法机关人民警察的职务活动和职业生活实践相联系的。它主要表现在司法机关人民警察工作岗位的意识和行为。司法机关人民警察职业道德的适用范围不是普遍的，而是特殊的，它只指导监狱、戒毒机关等司法行政机关和法院、检察院等司法机关人民警察的行为。

2. 在内容和结构上，司法机关人民警察职业道德具有相当的稳定性和连续性。司法机关人民警察职业道德反映着社会总体需要和司法机关警察的职业利益及特殊要求，所以在内容和结构上具有稳定性和连续性，形成了比较稳定的职业传统习惯和比较特殊的职业品格，也形成了服务人民、秉公执法的独特警察气质和警察意识。

3. 在形式和方法上，司法机关人民警察职业道德具有一定的灵活性和多样性。司法机关人民警察职业道德是适应司法职业活动内容与人民群众交往形式的要求而形成的，因此在反映形式和表现方式上灵活多样。它既可通过相关的国家法律法规，中央主管部门颁发的工作条例、办法，各单位内部严格的规章制度，严肃的作风纪律表现出来，也可以通过简明的标语、口号，鲜明的誓词条例和注意事项表现出来。例如，各单位服务大厅的"立警为公、执法为民"或"忠诚、责任、奉献"等标语都是司法机关人民警察职业道德的表现形式。

四、司法机关人民警察职业道德的作用

（一）有助于培养司法机关人民警察的职业责任感和事业心

职业责任感是做好本职工作的基本条件和前提，是一种职业道德情感。这种情感来自教育，来自对职业价值的认同。司法机关人民警察职业道德有助于司法机关警察自觉遵守社会主义道德，加深对司法职业价值的认识，培养职业情感，形成高度职业责任感。事业心是一种把职业当成实现人生价值的信念追求。司法机关人民警察的事业心，就是坚信自己的工作是崇高而伟大的事业，为了这一事业，献出自己的毕生精

力。责任感和事业心都是一种内在驱动力，是司法机关人民警察献身事业的动力源，它催人奋进，自强不息。

（二）有助于树立职业荣誉感

司法机关人民警察的职业荣誉就是党、国家和人民对司法机关警察工作价值的肯定和赞扬，也是司法机关人民警察自身对工作价值的正面积极的自我评价。司法机关人民警察职业道德明确了司法机关人民警察职业的社会价值，并通过道德教育，培养形成司法机关人民警察的职业荣誉感、自豪感。鉴于此，司法部《2016-2020年监狱戒毒人民警察队伍建设规划纲要》提出："建立健全监狱戒毒人民警察宣誓制度，组织广大警察开展入职晋级授衔、重要政治活动宣誓，规范宣誓仪式，切实提高职业自豪感。探索建立监狱戒毒人民警察职业荣誉制度，广泛开展尊崇职业荣誉教育，提高职业荣誉感。"

（三）有助于提高工作效率和工作质量

司法机关人民警察职业道德对于协调各种关系、完成工作任务、提高工作效率和工作质量具有重要的作用。职业道德能调整职业活动中的各种关系，正确处理和妥善解决职业活动中的各种矛盾。首先，调整内部关系，即不同职责的司法机关人民警察之间，上下级之间，公、检、法、司之间的关系。这些关系的正常处理离不开警察职业道德的要求和规范。其次，调整外部关系，主要是指警察与诉讼参与人、罪犯及其家属的各种关系也要靠职业道德的规范践行。调整好司法机关人民警察职业活动中的各种内外关系，能更好地发挥司法机关人民警察的整体力量和功能，保障各项司法机关工作方针的贯彻执行，从而提高工作效率和工作质量。

（四）促进自觉抵制行业不正之风

司法机关人民警察职业道德的作用还突出表现在对行业不正之风的自觉抵制和克服。司法机关人民警察的不正之风是履行职责时表现出的特权思想和利用职权谋取私利的不良作风。主要表现在：①特权思想，在管理犯人、强制隔离戒毒人员、被告人时，常常用到强制措施，容易形成高人一等的特权意识；②以权谋私，如收受贿赂甚至贪赃枉法；③对管理对象态度粗暴，不讲人道，甚至违法使用暴力。

行业不正之风归根结底源于贪欲、懒惰、逞强等人性的普遍缺点。这些缺点恰恰要通过提高道德素质来克服。司法机关人民警察职业道德教育，能使司法机关警察明确自己的责任义务，增强事业心和荣辱感，明辨职业行业的是非善恶，提高抵制职业不正之风的自觉性，形成良好的职业道德风尚。

学习任务二 司法机关人民警察职业道德的内容

一、司法机关人民警察职业道德的表现形式

司法机关人民警察职业道德有多层次的表现形式。从规范的效力范围和层级来看，司法机关人民警察道德涉及国家层面的法律法规、部门规章、地方规章和单位的制度。例如，《监狱法》第13条和第14条是关于监狱人民警察义务与纪律，司法部2006年颁布的《监狱人民警察六条禁令》，2011年颁布的《监狱劳教人民警察职业行为规范》《监狱劳教人民警察职业道德准则》，最高人民法院2012年颁布的《人民法院司法警察条例》第5条和最高人民检察院2013年颁布的《人民检察院司法警察条例》第5条等都是对司法机关人民警察的职业道德的表现形式。

根据司法机关人民警察职业道德要求的抽象程度来看，司法机关人民警察职业道德又表现在核心价值观、道德准则、义务与纪律三大类。

（一）核心价值观

司法机关人民警察与公安机关的人民警察、国家安全机关的人民警察一起构成政法干警。中央政法委按照中共中央关于推进社会主义核心价值体系建设的要求，总结各政法单位的探索实践，把政法干警核心价值观概括为"忠诚、为民、担当、公正、廉洁"。

政法干警核心价值观坚持以马克思主义为指导，汲取中华民族传统文化精华，适应时代发展要求，提炼中国特色社会主义政法职业道德，具有深厚的历史底蕴和丰富的实践基础，体现了马克思主义价值、中华民族优秀传统文化、我国政法职业道德的有机统一。

忠诚，就是忠于党、忠于国家、忠于人民、忠于法律的有机统一，这是政法干警的政治本色，是政法干警核心价值的基石，是为民、担当、公正、廉洁的前提。

为民，就是把以人民为中心作为新时代政法工作的根本立场，始终把人民放在最高位置，做到执法为民，这是政法干警的宗旨，是核心价值追求，是全部政法工作的出发点与落脚点，是我们党全心全意为人民服务的宗旨和"立党为公、执政为民"执政理念在政法工作中的具体体现。这就要求政法干警在工作中坚持群众路线，在执法、司法活动中维护人民群众的合法权益，在管理服务中实现便民利民。

担当，是指人民警察在职责和角色需要的时候，能毫不畏惧、责无旁贷地挺身而出，全面履行自己的义务，并在承担义务中激发自己的全部能量。勇于担当，是政法干警的职责要求，是核心价值的保障。担当精神是共产党人的优秀品质，要求政法干警胸怀与使命任务相适应的格局境界和责任担当，站在高处、想在远处、干在实处，

做到日常工作能尽责、难题面前敢负责、出现过失敢担责，还要做到面对大是大非敢亮剑、面对矛盾敢迎上，面对危机敢挺身，面对歪风敢斗争。

公正，就是公正执法、维护社会公平正义，这是政法干警的价值追求，是政法工作的生命线。公正是法律永恒的价值追求。中国特色社会主义制度优越性的一个重要方面，就是能够更好地体现和实现社会公平。在利益格局复杂、矛盾纠纷突显的形势下，政法工作坚持公正的价值，对社会和谐稳定意义重大。这就要求政法干警坚持秉公执法，以事实为根据，以法律为准绳，实体公正和程序公正并重，实现法律效果、社会效果、政治效果的统一。

廉洁，就是清廉无私，这是政法干警的基本操守，是政法干警践行忠诚、为民、公正价值的保证。政法干警践行廉洁的价值观念，就是要牢固树立正确的权力观、地位观和利益观，做到自重、自省、自警、自励，用权不谋一己之私，永葆清廉本色。

"忠诚、为民、担当、公正、廉洁"共同构成政法干警的核心价值观，成为不可分割的有机统一整体。忠诚是基石，为民是根本，担当是保障，公正是生命线，廉洁是保证。政法干警要全面理解，一体遵行。

（二）道德准则

道德准则是把职业的道德要求总结为鲜明的准则，是浓缩了的道德规范。如司法部《监狱劳教人民警察职业道德准则》的"热爱祖国、对党忠诚，执法公正、管理文明，教育为本、安全为先，廉洁守纪、敬业奉献"、《人民法院司法警察条例》第5条的"人民法院司法警察必须以宪法和法律为活动准则，全心全意为人民服务，忠于职守，清正廉洁，服从命令，严格执法"和《人民检察院司法警察条例》第5条的"人民检察院司法警察必须忠实执行宪法和法律，服务人民，忠于职守，清正廉洁，纪律严明，服从命令，严格、公正、文明、规范执法"都是司法机关人民警察职业准则的具体形式。

（三）义务与纪律

一般来说，职业道德都是依靠职业行为习惯和从业者内心信念来维系，但司法机关人民警察的职业比较特殊，因为掌握着一定的国家权力，容易被腐蚀。因此，国家把对司法机关人民警察职业道德的要求同时也以法律的形式规定出来，在相关的法律中把警察职业道德要求以义务和纪律条款加以规定。《人民警察法》第三章规定的义务和纪律以及《监狱法》第13条和第14条规定的监狱人民警察义务和纪律都是职业道德的具体要求。另外，《公务员法》中的义务与纪律相关规定也是司法机关人民警察职业道德的表现形式。各项法律法规中的司法机关人民警察的义务与纪律在本书第四章中已经有专门介绍，此处不再赘述。

二、司法机关人民警察职业道德规范的内容概括

从司法机关人民警察职业道德的各种表现形式来看，似乎内容复杂、条款众多，政法干警核心价值观虽然简洁，但是由于其是对全体政法队伍的宏观要求，没有完全反映司法机关工作的特点。因此，从司法机关人民警察职业道德的各种表现形式中概括出司法机关人民警察职业道德规范就具有很高的理论意义和实践价值。根据公安部《人民警察职业道德规范》、司法部《监狱劳教人民警察职业道德准则》、最高人民法院《人民法院司法警察条例》和最高人民检察院《人民检察院司法警察条例》等，结合司法机关人民警察的工作实际，可以把司法机关人民警察职业道德的内容集中概括为：忠诚于党、服务人民、秉公执法、清正廉洁、勇于献身、严守纪律、文明执勤、无私奉献。

（一）忠诚于党

忠诚于党的关键在于坚定信念，做到忠于党、忠于祖国、忠于人民、忠于法律的统一。

坚定信念对司法机关人民警察来说，就是坚定共产主义信念，在现阶段突出表现为以下几个方面：

1. 坚定中国特色社会主义伟大旗帜的信念。党的十九大报告指出，"中国特色社会主义是改革开放以来党的全部理论和实践的主题，是党和人民历尽千辛万苦、付出巨大代价取得的根本成就。中国特色社会主义道路是实现社会主义现代化、创造人民美好生活的必由之路，中国特色社会主义理论体系是指导党和人民实现中华民族伟大复兴的正确理论，中国特色社会主义制度是当代中国发展进步的根本制度保障，中国特色社会主义文化是激励全党全国各族人民奋勇前进的强大精神力量。全党要更加自觉地增强道路自信、理论自信、制度自信、文化自信，既不走封闭僵化的老路，也不走改旗易帜的邪路，保持政治定力，坚持实干兴邦，始终坚持和发展中国特色社会主义"。司法机关人民警察必须努力做到坚定理想信念，坚持中国共产党领导坚定不移，对中国特色社会主义道路坚定不移，自觉做中国特色社会主义事业的建设者、捍卫者。

2. 坚定用中国特色社会主义理论体系引领司法机关工作新发展的信念。在现阶段，对共产主义理想的信念，集中表现在用中国特色社会主义理论，特别是习近平新时代中国特色社会主义思想引领司法机关工作新发展，充分发挥中国特色社会主义司法制度的优越性，努力创造安全、稳定的政治环境、社会环境，增加人民群众的获得感、幸福感、安全感，为中国特色社会主义事业发展提供强有力的司法保障。

3. 坚定人民警察讲政治的信念。坚持把政治建设摆在首位，把旗帜鲜明讲政治作为根本要求，切实增强"四个自信"，做到"两个维护"。严守党的政治纪律和政治规矩，决不允许公开发表与党中央决定不一致的言论，决不允许在贯彻执行中央决策部署上打折扣、做选择，面对违反党性原则的行为必须敢于拒绝、坚决抵制，面对歪风邪气敢于挺身而出、坚决斗争，面对诱惑干扰必须挺直脊梁、执法公正，面对难题勇于改革、敢于创新。

(二) 服务人民

服务人民，是司法机关工作的本质要求。人民性是政法机关的根本属性，是社会主义司法制度区别于资本主义司法制度的本质特征。司法机关人民警察服务人民，就是尊重人民主体地位，对人民负责，受人民监督。

1. 尊重人民主体地位。人民群众是历史的创造者，是社会物质财富和精神财富的创造者，是社会变革的决定性力量。来自人民、植根人民、服务人民，是我们党永远立于不败之地的根本，也是司法机关工作取得发展进步的根本。司法机关人民警察的工作，要把人民利益放在第一位，把实现好、维护好、发展好最广大人民群众根本利益作为一切工作的出发点和落脚点，尊重人民首创精神，向人民学习，倾听人民心声，反映人民意愿。

2. 对人民负责。《宪法》第2条第1款规定："中华人民共和国的一切权力属于人民。"一切国家机关和国家工作人员必须保持同人民的密切联系，倾听人民的意见和建议，接受人民的监督，努力为人民服务。司法机关的执法权来自人民，依法保障人民当家作主，正确行使司法权力，维护人民群众的合法权益。

3. 受人民监督。司法机关的权力来自人民，必须接受人民的监督。不接受人民监督容易导致权力滥用，甚至腐败，异化为人民的对立面。司法机关人民警察接受人民的监督，就是把人民答应不答应、满意不满意、赞成不赞成作为指引、评价、检验工作的最高标准，把评判权交给人民。要依法提高执法司法工作的透明度，保障人民的知情权、参与权、表达权、监督权，不断提高执法司法的民主水平。

(三) 秉公执法

新形势下，人民群众对公正司法的期待不断提高，不仅要求执法司法的程序合法，高效透明；而且关心自身的合法权益的实现，还要求广泛参与、广泛监督。司法机关人民警察必须秉公执法，以事实为根据，以法律为准绳，实体公正和程序公正并重，实现法律效果、社会效果、政治效果的统一。

秉公执法、公正司法是政法工作的生命线，是党和人民对政法工作的永恒要求。在矛盾纠纷多发和社会舆论监督不断强化的背景下，执法司法的社会敏感性不断增强，任何不公正的执法行为都会在一定程度上影响社会的和谐稳定。秉公执法是指执法者要出于公心，严格按照法律的规定行事。秉公执法的主要内容是不徇私情、不畏权势、不枉不纵。司法机关人民警察在执法实践中必须刚直不阿、执法如山、铁面无私、不偏不倚，坚持以事实为根据、以法律为准绳，不徇私情、办事公道。

(四) 清正廉洁

司法机关人民警察清正廉洁就是要在工作中做到克己奉公、防腐拒贿、不沾不染。克己奉公就是对自己严格约束、自尊自律，对公要默默奉献、勤政为民。如果不克己，让私欲膨胀，不奉公，不为公共事业作奉献，就谈不上清正廉洁。司法机关人民警察要做到克己奉公，首先，要不计较个人得失，不贪图个人名利，一切从党和人民的利益出发；其次，要经得住诱惑，秉公办事，执法中充分体现公平正义。防腐拒贿就是要防止各种腐朽思想的侵蚀，防止腐败变质，绝不利用职务职权之便收受贿赂，捞取好处。要做到防腐拒贿，首先，保持清醒的头脑，有坚定的意志；其次，不贪不义之财，不办不法之事；最后，要公开政策规定、公开办事制度、公开处理结果，刹住托人、送礼之风。不沾不染就是要保持队伍的纯洁性和先进性，做到财、色面前不动摇，做到富贵不能淫、贫贱不能移、威武不能屈。要做到不沾染，首先，要洁身自好，提高修养，防微杜渐；其次，要明辨是非、善恶、美丑，言行有度，不忘初心、不随波逐流。

（五）勇于献身

勇于献身就是要求司法机关人民警察忠于职守、业精技强、机智勇敢、不怕牺牲。忠于职守就是要树立立足本职、忠于本职、献身本职的职业理想，培养高度敬业精神，增强严守岗位的责任意识，在工作中兢兢业业、任劳任怨，绝不擅离职守。业精技强要求司法机关人民警察有良好的业务素质，精通业务知识，熟练掌握业务技能，现阶段尤其要会运用先进的科学技术，如大数据分析、人工智能等先进科技来完成工作任务。机智勇敢要求司法机关人民警察具有大无畏的革命英雄主义的精神，智勇双全，做到机智勇敢，妥善处理各种突发问题。不怕牺牲是司法机关人民警察勇于献身的突出表现，要在危急关键时刻，不怕艰险，不怕流血牺牲，团结战斗，为了党和人民利益的需要，牺牲自己的利益乃至生命。当然，即使不怕牺牲，也要尽量避免不必要的牺牲，在斗争中讲究策略和方法，加强自我防护措施，不鲁莽蛮干，尽量避免牺牲。

（六）严守纪律

严守纪律就是要求司法机关人民警察在工作中必须遵守政治纪律、工作纪律、廉政纪律和生活纪律，保守机密。司法机关人民警察必须牢固树立组织纪律观念，尊重和维护领导权威，必须做到个人服从组织、下级服从上级。无条件执行上级依法作出的决定和命令，如果认为决定和命令有错误的，可以按规定提出意见，但不得中止或改变命令的执行，提出的意见不被采纳时，必须服从决定和命令，后果由作出决定和命令的上级负责。在工作中要遵守各项规章制度，做到令行禁止，凡是制度要求做的，要不折不扣落实，凡是制度禁止的，即使再对个人有利也绝对不做。遵守制度要一丝不苟，不能为了自我利益，断章取义歪曲制度。保守机密就是要牢固树立保密意识，严格遵守国家工作人员保密守则，保守国家秘密和警务工作秘密。

（七）文明执勤

文明执勤要求司法机关人民警察做到谦虚谨慎、礼貌待人、警容严整。人民警察要保持不骄不躁的优良作风，对待群众要谦和热情，举止端庄得体、作风严谨正派，在人民群众中树立良好的形象，保持良好的精神风貌。在工作中，要树立人格平等意识，坚决抵制和克服特权思想，模范遵守社会公德和公共秩序。礼貌待人要求人民警察用语要文明礼貌，不讲粗话脏话，即使对犯罪嫌疑人和服刑罪犯也要实行文明管理，不打骂、不体罚、不虐待。警容严整要求人民警察严格遵守警容风纪的规定，做到着装规范、仪表大方、举止端庄。

（八）无私奉献

无私奉献是人民警察全心全意为人民服务的宗旨的体现。马克思主义认为，警察是人类社会发展到一定阶段的产物。任何警察都是从属于一定的阶级并为一定的阶级利益服务的。我国人民警察是为人民的利益而建立、为人民的利益而战斗的。因此，无私奉献就是始终把人民的利益看得高于一切，时时想着人民、处处为了人民，除了人民的利益，无任何特殊利益而言，要对人民尽责任、作贡献，在自己的岗位上使人生价值升华。无私奉献要求司法机关人民警察要做到热爱司法事业，在工作实践中培养对本职工作的深厚感情，要立足本质，多作贡献，要吃苦耐劳，不计名利，当个人利益与集体利益发生矛盾时，就自觉以祖国和人民利益为重，勇于牺牲个人利益这个"小我"，以维护祖国和人民这个"大我"。

学习任务三　司法机关人民警察职业道德修养

一、道德修养的概念

道德修养是指人们在道德品质和道德人格方面的自我锻炼、自我改造、自我提高的精神活动及其行为实践。其本质是通过对自己内心世界及行为的反省、检查，吐故纳新，培养新的道德情感和道德信念。道德修养的内驱力来自内在的道德需要，不是迫于外在力量的强制，是由自己内在道德需要所启动的自主、自为、自觉、自愿的行为。道德需要是人的需要层次中较高类型的需要，马克思称之为人的全面发展的需要，美国心理学家马斯洛将其视为尊重的需要和自我实现的需要的主体构成部分，是高级的人类需要，孔子孟子把道德需要视作人的本质需要和最高价值的需要。可以说，离开源于个体内在道德需要的主体自觉与自为，就没有真正意义的道德修养。

司法机关人民警察职业道德修养是一种特殊的道德修养，是指司法机关人民警察个人自觉按照国家、社会的要求，根据人民警察职业道德原则、规范，在道德意识、道德情感、道德行为品性方面的自我教育、自我锻炼、自我改造的精神活动和行为实践。

二、司法机关人民警察职业道德修养的内容

司法机关人民警察职业道德修养的内容很丰富，主要包括以下几个方面：

（一）思想政治修养

司法机关是政治机关，司法机关人民警察职业道德修养首先是思想政治修养。思

想政治修养首先要加强政治理论的学习。马克思主义是科学的理论，是经实践证明的科学真理。习近平新时代中国特色社会主义思想是马克思主义的当代发展，要重点学习，要学深悟透。要加强政治修养，包括政治方向、政治立场、政治纪律、政治鉴别力、政治敏锐性等方面的修养。要坚定正确的政治方向，加强爱国主义、集体主义修养，培养社会责任感。

（二）道德修养

司法机关人民警察也是公民，除了强化职业道德修养，也要同普通公民一样加强婚姻家庭道德修养和社会公德修养。婚姻家庭关系是自然规律和社会规律合力作用的产物。婚姻家庭制度作为上层建筑的组成部分，直接体现着统治阶级在政治、法律和道德上的思想关系。社会主义婚姻家庭道德要求婚姻双方婚姻自主、男女平等、互敬互爱、相互信任、和睦相处，家庭成员之间要尊老爱幼。家庭过日子，要勤劳简朴，爱家爱国。

社会公德是千百年形成的、广泛深入人心的、与广大人民群众的切身利益密切相关的社会公共生活准则。社会主义社会公德是在批判继承历史上一切优秀的道德传统的基础上发展起来的。社会公德要求公民在社会公共生活中礼貌谦逊、和气待人，坦诚相见、诚实守信，成人之美、与人为善，遵守秩序、爱护公物，敬老爱幼、尊师亲贤。司法机关人民警察要加强社会公共道德修养，一言一行都做到模范遵守社会公德。

（三）心理修养

司法机关人民警察工作中经常接触社会负面的东西，需要健康强大的心理来对抗心理冲突和挫折。心理修养是指人在感知、想象、思维、情感、意志、心理方面的修养，为了达到心理健康，司法机关人民警察要做到：①树立正确的世界观、人生观，养成积极乐观的人生态度。②建立良好的人际关系。③正确对待工作环境，正确认识自己；掌握心理调适方法，学会自我心理调节；自觉锻炼意志品质，改善适应能力，保持心理健康（这些内容在司法机关人民警察的心理素质一章中有详述）。

（四）审美修养

审美是人对美的事物的一种欣赏和感动，审美实践活动通过美的形象来触动人的情感、以情动人，潜移默化地滋养人的精神。正确的审美观、较高的审美能力和积极健康的审美情趣，对人的全面发展有着十分重要的意义。

审美作为一种修养，可以从情感、智力、道德等多方面培养人，促进人的个性全面、自由、和谐地发展。司法机关人民警察工作环境单调，易形成职业倦怠，加强审美修养，提高审美能力，远离低级趣味，养成高尚、健康的审美情趣，可以提升司法机关人民警察工作的动力，提升幸福感，促进个人全面发展。因此，司法机关人民警察应该重视审美修养，培养正确的审美观念，树立崇高的审美理想，提高审美能力，积极参加各项审美活动，自觉地按照美的规律塑造自己，使自己的内在美和外在美达到和谐统一，促进个人素质的全面发展。

三、道德修养的方法途径

（一）学思结合

高尚的道德情操，不是与生俱来的，需要在学习、工作和生活中不断培养。学习，是司法机关人民警察道德修养的必经途径，道德知识和道德境界的提高，必须以读书学习和认真思考为基础。各种伦理道德著作是对道德经验的总结，是关于道德的本质和规律的科学理论，只有能获得广泛的道德知识，才能为道德思想意识的提高提供丰富的科学思想营养。司法机关人民警察要善于学习，开阔视野，从人类社会一切优秀的文明成果中汲取营养，陶冶情操。在读书学习的同时，还要积极思考，把书本上的知识联系社会实际，联系自己的思想实际和工作实际，对书本知识进行同此及彼、由表及里的分析，比较鉴别，形成自己的道德实践智慧，促进自己的道德思想意识的提高。

（二）身体力行，躬行践履

中国传统优秀文化一直强调实践对于道德修养的重要性。王阳明认为，躬行出真知，"身亲履历而后知"。他反对不经过践履而已知的先验论，主张"在事上磨炼"，认为"知不行之不可以为学，则不行之不可以为穷理"。马克思主义伦理学认为，理论与实践相结合永远是科学的道德修养方法，离开斗争实践，就无从认识人们的道德关系，离开道德实践，就无法判明善与恶、是与非、正与邪、荣与辱，从而也就发现不了自己在道德意识方面的不足和道德行为上的偏颇，道德修养就无从谈起。因此，司法机关人民警察要积极参加社会实践和工作实践，在维护公民正义、维护人民利益的挑战和考验中养成操守、锤炼品格。

（三）慎独内求，省察克治

"慎独"是中国伦理史上一个古老特有的道德修养方法。慎独是一个人独自居处时也要谨慎地注意自己的内心和行为，防止有违背道德的想法或不符合道德要求的行为。《礼记中庸》有言，"君子戒慎乎其所不睹，恐惧乎其所不闻，莫见乎隐，莫见为微，故君子慎其独也"，曾子有"吾日三省吾身"，朱熹主张省察克治，认为具备了省察之功，对人欲这个贼"便识得"，省察之后"日日克治，不以为难"。王阳明认为"省察克治之功则无时而可闲，定要拔除病根，永不复起"。因此，司法机关人民警察要加强自我约束，从隐处入手，自觉抵御各种诱惑，培养自我管理、自我约束的能力，在微处用力，"莫以善小而不为，莫以恶小而为之"，时时处处防微杜渐，积善成德。

案例讨论：

张犯来到监狱后几乎没有和亲属联络过，只是没钱的时候给家里打电话。但是自2004年初，家里原来的电话再也打不通了，寄了几封信也没有回音。后来联系一个旁系亲属，告知他因为拆迁，家人已经搬离了原居住地，家里原来的房子已经没有了。张犯以为家人彻底抛弃了他，本来孤独感很强的他，更加萎靡，而且听说家里因为拆迁款还闹起了纠纷。他给监区领导写了两封信，申请监区帮助其找到家属，向家属索要1万元钱，并从此和家人断绝关系。监区领导对此给予高度关注，两次找他谈话了解情况。由于联系张犯原所在地派出所未果，于是监区领导亲自驾车走访街道、居委会，寻找张犯的家属——张犯的爷爷——张某能，按照当地邻居们提供的线索，监区领导找到了当地拆迁办，在拆迁办的帮助下找到了张犯的爷爷家。

监区领导亲自到访，老人异常激动，老人表明他们没有放弃张犯，只是家务缠身，没有来得及过问张犯的事。因为房产，几个孩子的确是闹了纠纷，但拆迁的房子产权是张犯爸爸的，这个房子拆迁后不管是现金补偿还是给新房子，都会给张犯留着。张犯的好多亲属也都闻讯赶来，询问张犯在狱中的改造情况，表示了他们的关心。监区领导一一如实地把张犯的情况介绍给家属，并表明了要通力合作，争取把这个犯错的孩子带到正确的轨道上来。告别时，监区领导建议家属在年底的亲情同餐时去看看张犯，鼓励他好好改造，让他知道家人没有放弃他。

回到监狱后，监区领导亲自找到张犯，把家访的情况告诉了他，并教导他弃恶扬善，端正态度，服从管理教育，拿出好的改造成绩回报年迈的爷爷。面对这样的情形，张犯情绪异常激动，提起爷爷，他眼圈里转着泪水，向监区领导保证好好改造。

2006年4月，张犯患重感冒，分监区长亲自安排他到医院就诊输液，还给他开了三天病号饭，并由他所在小组组长每天在警官的带领下将饭送到他的床头。张犯生病期间，分监区每名警官都到床前问候他，安抚他好好养病。张犯很感动，他的内心是复杂的，从来就没有人对他这么好过，他们有什么目的？下的什么套？警察这样对我，其他犯人会怎么想？他的意识是模糊的。

有一次，一位警官在谈话中曾经对他说："我们是同龄人，我只比你大四天，你自己感觉一下，从年龄的角度讲我是不是比你成熟多了？"2006年10月，那个警官值班，下午打饭时张犯见到他便笑嘻嘻地说："杨警官，您过生日不吃点好的，还不买个蛋糕？"当时，警官笑了，说："我最不喜欢吃那个东西，腻腻歪歪的。"张犯说："我有好多年都没吃到蛋糕了，咱们超市不知道能不能订购？"警官回道："哟，还真没有先例，够呛，问问吧。"

2006年10月13日，晚上学习后，张犯百无聊赖地躺在床上胡思乱想：这里的警察怎么了？为什么对自己这么好，是不是想利用自己啊，做内线？正琢磨着，门开了，分监区警官拎着蛋糕走了进来，着实吓了他一大跳，他马上从床上弹起来，不知所措地站着。

"张……，明天过生日吧，分监区给你买个蛋糕，领导下班走时要我给你的。"

"哦，哎呀，您费心了，我当初就那么一说……"，张犯支支吾吾，语无伦次，不知所措，涨红着脸连声说着过去很少用过的词：谢谢。

这注定又是一个不眠之夜，张犯躺在床上翻来覆去，脑海里反复地"播演"着以前对警察的乖张与癫狂，想起自己在禁闭室里的孤独无助，想起年迈的爷爷，想起在监狱的日日夜夜，他感觉到自己以前一直标榜的铁石心肠慢慢地软化了。

渐渐地，这些都模糊了，他睡着了。他感觉好像换了个地方，没有围墙，没有制服，只是在瞬间，世界突然变得大了起来。那不是爷爷吗？还有大伯、大娘，他们都笑着看着他。大娘过来拍了他一下，笑着说："回来了，回来就好，过来看看这是谁，你亲妈啊！"然后就是一片模糊的人形……忽然，他醒了，原来做了个梦，脸湿湿的，是泪水。居然梦到自己没有任何印象的妈妈了，他努力想着她的样子，却是一片模糊。

慢慢地，所有人都觉得张犯的作风改了，说话比以前收敛了很多，不再高声大气，看到警官也比以前平和多了，能主动问候、打招呼，行事也不那么冲动了。一段时间过后，张犯被确定为分监区的小组示范员。连续两年，他都获得了记功奖励。出狱后的张犯走在回家的路上，他感受到希望给他带来的快乐，越来越踏实……

问题：请讨论以上案例中，监狱的领导和民警都有哪些优秀的职业道德品质。

思考题：

司法机关人民警察道德重点体现了社会主义核心价值观哪些方面？

学习单元九 司法机关人民警察的心理素质

学习目标：
1. 了解司法机关人民警察应具备的心理素质。
2. 掌握司法机关人民警察的心理问题及调适方法。
3. 掌握防疫期间监所人民警察的自我心理防护方法。

学习任务一 司法机关人民警察应具备的心理素质

一、司法机关人民警察心理素质的概念

心理素质是人的整体素质的组成部分。它是以自然素质为基础，在后天环境、教育、实践活动等因素的影响下逐步发生、发展起来的。心理素质包括人的认识能力、情绪和情感品质、意志品质、气质和性格等。马斯洛认为良好的心理素质表现在以下十个方面：①具有充分的适应力；②能充分地了解自己，并对自己的能力做出适度的评价；③生活的目标切合实际；④不脱离现实环境；⑤能保持人格的完整与和谐；⑥善于从经验中学习；⑦能保持良好的人际关系；⑧能适度地发泄情绪和控制情绪；⑨在不违背集体利益的前提下，能有限度地发挥个性；⑩在不违背社会规范的前提下，能恰当地满足个人的基本需求。

司法机关人民警察的心理素质是指人民警察在监狱、强制隔离戒毒所、人民法院、人民检察院等工作中，通过心理过程和个性心理特征所表现出来的特征，包括认知、情感、意志、兴趣、能力、性格等。

二、司法机关人民警察心理素质的内容

（一）认知素质

认知是人的最基本的心理过程，包括感觉、知觉、记忆、思维、想象和语言等。司法机关人民警察应具备的认知素质表现在以下几个方面：

1. 敏锐的观察力。观察力是指大脑对事物的观察能力。监狱是关押犯罪分子的集中场所，环境封闭，人群复杂，需要监狱人民警察具有敏锐的观察力，及时发现苗头

性、倾向性问题，预防脱逃、行凶、自伤、自残、自杀等事件发生。罪犯诈病是指罪犯伪装疾病以抗拒改造的行为，识别罪犯诈病，需要监狱人民警察具有敏锐的观察力。人民法院司法警察在执行押解任务时，要确保被告人不逃脱、自伤、自残、自杀，同样需要司法警察具有敏锐的观察力。

2. 良好的记忆力。记忆力是识记、保持、再认识和重现客观事物所反映的内容和经验的能力。良好的记忆力是司法机关人民警察履行职责的基础条件。例如，监狱人民警察在"无册点名"中就需要具备良好的记忆力。无册点名，即无花名册点名，仅看后脑勺，叫出罪犯姓名。这是每名监狱人民警察都必须掌握的基本功。

3. 灵活的思维力。思维力是人脑对客观事物间接的、概括的反映能力。监狱人民警察的工作对象是杀人犯、强奸犯、诈骗犯、盗窃犯、涉毒犯……他们有的胆大妄为，有的心狠手辣，有的狡诈成性，这要求监狱人民警察具有灵活的思维能力，根据罪犯的个体差异，制订个性化的改造措施。司法警察在值庭、押解过程中，面对可能发生的在押被告人脱逃、自伤、自杀、遭受外来袭击、劫持以及伤害审判人员、扰乱审判秩序等情况，只有具备灵活的思维能力才能妥善处置突发事件。

4. 丰富的想象力。想象力是人类创新的源泉。监狱人民警察作为特殊园丁，从事的是教育人、挽救人、改造人的工作，在工作中离不开想象。富有想象力的监狱人民警察会根据罪犯的心理特点、知识水平设计出好的教育方案，使教育改造工作卓有成效。监狱人民警察必须充分了解自己的教育对象，遇到问题，恰当地想象。

（二）情感素质

1. 成熟而稳定的情绪。警察的工作性质要求其具有成熟而稳定的情绪，也即对自己的情绪有较强的调节能力。情绪像水，稳定的情绪是涓涓细流，滋养万物；不稳定的情绪则是咆哮波涛。情绪不稳定的人往往缺乏自控力，更容易伤害人。如果监狱人民警察情绪不稳定，就可能会用过激的手段惩罚有错误的罪犯，甚至故意虐待、殴打、体罚罪犯。

2. 爱的情感。爱是一种发自于内心的情感。司法机关人民警察的管教对象是违法犯罪分子，虽然他们犯法了，但在教育改造他们的过程中需要司法机关人民警察用"仁爱之心"感化他们。我们与违法犯罪分子作斗争的武器不是冰冷的警械具和严厉的审问，而是微笑，是关怀，是爱。

（三）意志素质

1. 意志的自觉性。它是指对行动的目的有深刻的认识，能自觉地支配自己的行动，使之服从于活动目的的品质。例如，司法警察能够对执行死刑任务有正确的认识，自觉克服心理压力完成死刑执行任务。

2. 意志的果断性。它是指一个人是否善于明辨是非，迅速而合理地采取决定和执行决定方面的意志品质。例如，有的司法警察执刑时非常紧张，执枪的手竟然发抖；

有的不敢直接面对执刑对象,将头扭向一边。这些都是意志不果断的表现。

3. 意志的坚持性。它是指在意志行动中能否坚持决定,百折不挠地克服困难和障碍,完成既定目的方面的意志品质。例如,监狱人民警察坚信毛泽东"人是可以改造的,就是政策和方法要正确才行"的观点,历经无数次挫折,终于成功转化了顽危犯。

4. 意志的自制性。它是指能否善于控制和支配自己行动方面的意志品质。自制性强的人,在意志行动中,不受无关诱因的干扰,能控制自己的情绪,坚持完成意志行动,同时能制止自身不利于达到目的的行动。例如,司法警察每天做着押解、值庭、看管等工作,这些工作平凡、单调、琐碎,长时间固定地从事这些活动,会使人感到一种莫名的乏味,丧失工作兴趣,容易滋生不满、悲观情绪,并对工作产生厌倦、烦躁和麻痹心理,而自制性强的司法警察能够控制自己的情绪,认真地完成每一项任务。

(四)人格素质

人格素质是指个人的人格在态度、特质、反应模式方面的基本和持久性结构。健全的人格是司法机关人民警察必备的心理素质。例如,执行死刑是法律赋予人民法院司法警察的神圣职责,但是司法警察担负执行死刑任务,其所承受的心理压力非常大,这要求司法警察具有健全的人格,以帮助其抵抗巨大的心理压力。又如,高尚的人格是监狱人民警察改造好罪犯的重要因素,只有具有高尚的人格魅力,才能潜移默化地影响和感染罪犯,使之心悦诚服地接受改造。

三、司法机关人民警察具有良好心理素质的作用

(一)有助于改善司法机关人民警察的生活质量

生活质量是指人们生活的好坏、优劣,除了物质的指标外,更为关键的是人们心理生活的质量,是人们的幸福感。良好的心理素质不仅有助于增强机体的免疫功能,预防身心疾病的发生,还有助于司法机关人民警察建立和保持良好的家庭关系,从而改善生活质量,提升幸福感。

(二)有助于提高司法机关人民警察的战斗力

司法机关人民警察的心理素质就是警力,就是战斗力。具有良好心理素质的司法机关人民警察能够应对自己面临的挑战,出色完成任务;而心理素质差的司法机关人民警察更容易感受到心理压力,产生心理问题,从而导致工作效率低下。

(三)有助于预防司法机关人民警察违法犯罪

具有良好心理素质的司法机关人民警察,善于调控自己的情绪,人际关系协调,道德观念和法治意识强,因而能够把自己的行为约束在社会规范允许的范围内,发生违法犯罪行为的可能性大大降低。心理素质差的监狱人民警察由于心理压力得不到及时缓解,可能发生拿罪犯出气、打骂体罚罪犯的事情。

学习任务二　司法机关人民警察心理问题及调适方法

人们普遍认为：警察作为社会强势群体，应该不会有太多的心理问题。但大量的调查研究结果与人们的一般认识并不一致。监狱、强制隔离戒毒所、人民法院等机关的人民警察都存在不同程度的心理问题。

一、司法机关人民警察面临的心理问题

（一）监狱人民警察面临的心理问题

监狱工作的性质、特点和任务，决定了监狱人民警察的工作往往与艰苦、紧张、困难、危险等紧密相连。因此，监狱人民警察在从事监管改造的工作中，要承受比普通职业多得多的心理压力，要付出巨大的心理能量。监狱人民警察常见的一些消极心理现象包括：

1. 紧张焦虑心理。由于担心罪犯脱逃、行凶、自杀、自残等安全事故发生，监狱人民警察"心里面随时绷着一根弦"。加之要应付各种连续不断的工作检查评比，应对家庭、生活等困难，容易处于紧张、焦虑状态。长期的紧张焦虑，不仅会引起失眠、易怒、烦燥等情绪变化，还会引发肠胃系统、心血管系统等方面的疾病。

2. 麻木、厌烦心理。日复一日、年复一年的带班工作，没有多少变化、没有什么新意，机械、重复、单调的工作和生活，容易使监狱人民警察产生麻木、厌烦心理，导致对工作、生活提不起兴趣，缺乏价值感、成就感。

3. 委屈、不平衡心理。监狱工作由于安全压力、生产任务等原因，很少有正常的节假日和休息时间。监管改造罪犯，既要当执法者、管理者，又要当教育者、心理工作者，身兼数职，一专多能。但目前监狱人民警察的社会地位、收入、待遇不高，与过多的奉献、付出不相称。另外，工作中的竞争、激励及选拔机制还没有健全和完善。因此，容易产生委屈、不平衡甚至不满心理。

许多调查表明，监狱人民警察的心理健康问题已不是个别现象，而是具有一定普遍性的问题，有相当一部分人包括领导干部都存在不同程度的心理健康问题。监狱人民警察特别是一线警察普遍存在着心理压力大、精神高度紧张、身心疲惫、疲劳综合征、失眠多梦、心情压抑、烦躁不安等精神心理问题，并由此导致一系列躯体问题——头痛、背痛、肌肉酸痛、神经衰弱、胃肠道疾病等。

（二）强制隔离戒毒所人民警察面临的心理问题

从工作环境和工作模式等因素来看，监狱人民警察与戒毒人民警察有相似之处。一方面，工作对象的复杂性和场所管理安全"底线"要求让戒毒人民警察承受着高风险、高强度工作带来的心理压力。另一方面，由于戒毒人员群体普遍存在精神心理健康问题，警察在开展日常管教和心理矫治工作时经常暴露于戒毒人员的负性认知和情绪之中。此外，工作场所封闭、位置偏僻造成戒毒人民警察普遍出现压抑感和人际疏离感。疫情防控期间，长期的封闭值班也会对警察的心理健康带来一定的消极影响。陈毅雄于2020年对广东省某强制隔离戒毒所351名警察进行调查，发现疫情防控期间被封闭隔离的警察在人际敏感、焦虑、偏执等因子上阳性症状比例较高，其心理健康和生理症状均不容乐观。

（三）人民法院司法警察面临的心理问题

人民法院司法警察是我国司法审判安全保障及执行工作的重要武装力量，始终处于同违法犯罪战斗的前沿，这就决定了其职业生涯中经常会面对各种极端应激源。尤其是在死刑执行工作中，司法警察经常会面对各种极端应激源，所造成的应激反应往往是强烈的、反复的，若不加以适当干预，将会发展为应激障碍等心理疾患。目前，我国除《刑事诉讼法》规定了死刑的执行采用枪决或者注射等方法外，尚没有统一的死刑执行操作规则，各地操作方法存在较大差异，而对于司法警察死刑执行过程中的心理防护也存在严重的制度缺失。

死刑执行工作对司法警察的心理健康有着很大的影响。司法警察执行员明确地知道射击目标或注射对象是一个活人——这个活人是一名罪犯的同时也是自己的同类，尽管是依法处决罪犯，甚至被处决的人罪行累累，但司法警察执行员往往也很难在平静中操作完全程，尤其是射击或注射之后一般要目睹罪犯如何死亡，这种场景对司法警察心理上的冲击是强大的、震撼的甚至是恐怖的。中国人民公安大学心理学教授张振声说过："对于每个警察而言，每次开枪都是一次心理上的打击。当一个人向他的同类开枪的时候，他注定会产生一种恐惧感，这种强烈的刺激实际上是对他身心的一种破坏。研究发现，多数警察在开枪以后都是属于不能进行自我调节的。"显然，司法警察的工作性质很大程度上影响着他们的心理健康状况。

死刑执行操作失误也是司法警察产生心理应激的个体应激源。司法警察在采用枪决方式执行死刑时，一般在现场填装子弹且只有一颗子弹，然后根据指挥员命令举枪射击。由于个体心理素质的差异，司法警察执行员在行为表现上也会不同。心理素质差的司法警察会在装弹过程或射击过程因过于紧张而出现操作失误，比如子弹未能顺利装入弹仓或脱落，又如举枪不稳导致弹道轨迹偏离，罪犯未能一枪毙命等。司法警察在采用注射方式执行死刑时也会发生一些失误，如注射管线不畅、注射药剂量计算偏差等。

在人际关系方面，司法警察们表示由于执行死刑，他们被朋友们称为"现代的刽子手"或"职业杀手"，因此，朋友们都敬而远之。受到这一工作性质的限制，司法警察们与外界接触交流少，交际面狭窄，久而久之，变得不爱讲话、不善与人沟通。另外，司法警察的抑郁问题值得人们关注。

二、司法机关人民警察的心理调适

心理调适在开发潜能、优化心理品质、预防心理疾患等方面的作用不可替代。司法机关人民警察的心理调适，是指司法机关人民警察个人及其家庭、司法机关对司法机关人民警察在工作、学习和生活中表现出来的心理亚健康状态及某些心理障碍予以关注，运用心理学的理论和方法，进行科学的调整，使司法机关人民警察保持健康的心理状态的过程。

对司法机关人民警察出现的心理失衡现象，克服的方法和途径主要有两个方面：一是自我心理调适，提高心理承受能力，克服心理障碍；二是家庭心理调适，以及司法机关采取心理保健措施，为培育良好的心理素质创造外在条件。

（一）自我心理调适

1. 保持统一的人格，自我完善司法机关人民警察的职业性格。所谓职业性格，是指司法机关人民警察在长期的工作中，在特定的职业环境影响下，与其职业要求相适应的一贯态度和习惯化了的行为方式。司法机关人民警察职业性格的自我完善，可从以下几方面做起：

（1）了解自己的性格，以利扬长避短。按照司法机关人民警察的职业性格要求，个体可通过心理测试，通过亲友同事的评价，逐一解剖自己的性格表现，了解自己的性格特征，从而达到比较客观真实的自我认识。

（2）培养良好的行为习惯，促进性格改变。实践证明，人的性格中有相当一部分所表现出来的是习惯化了的行为方式，因此，司法机关人民警察努力培养良好的行为习惯，从改变习惯到改善性格，是自我完善职业性格的关键。

（3）选择有效方法，克服性格缺陷。要有针对性地、有意识地改变原有的性格弱点，观察和学习他人善于自我克制、对人宽容、乐观、幽默等性格优点，并采取心理学的矫正方法，自我纠正性格缺陷，也可让亲友、同事等对自己进行监督和提醒。

2. 学会自我调节，做自己情绪的主人。情绪控制是提高个体心理素质的核心。司法机关人民警察在工作和社会生活中要面对多种矛盾冲突，如工作环境、工作对象的不可选择性与个人爱好的冲突，社会责任与个人发展的冲突，现实待遇与个人奉献之间不平衡；等等。这些矛盾冲突使监狱人民警察的行为比其他人更易受情绪的影响，这就要求司法机关人民警察具有强大的自我调节情绪的能力，在理智地认识情绪情感发生发展规律的基础上，学习调控情绪的技术，使自己的情绪能够达到自觉、自知。

（1）建立成熟的心理防卫机制。人的心理活动具有恢复与保持情绪平衡、保持心情稳定的机能。当司法机关人民警察在工作中遇到困难或挫折时，常常会心情不愉快，甚至痛苦和焦虑，个体会产生出一些心理适应性反应，这就是心理防卫机制。它是在欲求不满的情况下，突出对象或目标的缺点来安慰自己，使自己心理达到某种平衡。心理防卫机制存在积极和消极两方面的作用，它对偏激或攻击性行为有缓解作用，能暂时消除内心的痛苦和不安,引导出解决问题的办法等,但是它只是一时回避了现实问题,有时还会使实际问题复杂化,反而提高心理冲突的程度。因此,需要在不同情况下适时应用心理防卫机制。

(2) 自我激励,保持自信。自信是个体耐受压力的最主要的心理基础。司法机关人民警察应把建立自信的着眼点放在对自己的冷静分析以及自我激励的基础之上。确立适宜的动机成就水平是监狱人民警察心理健康的重要标志,它有利于个体明确奋斗目标,激发各方面的积极性,并由于不断获得成功的体验而产生愉悦、满意的情感。建立适宜的动机成就水平,是指建立与自己的身体状况、知识水平、能力水平、心理素质等因素相一致的成就动机。不能脱离现实而建立过高或过低的成就动机。成就动机水平过低,会使司法机关人民警察失去进取的锐气,无所作为,处于一种自卑和萎靡不振的状态;成就动机水平过高,则会使其急功近利,常使自身处于受挫状态。

(3) 自我调节,调整心态。工作的压力来自于工作性质本身,来自于超负荷的工作,来自于个人的能力、智商、文化知识水平的缺陷等。面对压力,司法机关人民警察需要做好自我调节,调整自己的心态。正向乐观的心态不仅会平息由压力而带来的紊乱情绪,也较能使问题导向积极正面的结果。遇到危机时,要看到危机后面的转机;遇到压力时,要看到压力后面的动力;遇到挫折时,要看到挫折后面的成长。总之,任何事情都有两个以上的选择,我们要做的是选择积极的应对心态。

(二) 家庭心理调适

家庭是帮助司法机关人民警察进行心理调适的重要场所和途径。家庭的关心和支持,对司法机关人民警察的心理健康起着潜移默化的作用。良好的家庭生活环境,不仅能保持心理健康,而且还有助于克服心理障碍。反之,不良的家庭生活环境,不仅起不到心理保健作用,而且还会使心理问题恶化。

家庭的心理调适是家庭成员间的互动,是双向甚至是多向的交流活动。一般情况下,家庭成员的关怀、支持、理解和宽容能大大缓解工作带来的压力、紧张,甚至是焦虑。因此,司法机关人民警察在繁忙的工作之余,也要关心自己的家庭,对家庭成员为自己的事业所起的支持作用应表示充分的认可和感激。尤其要重视夫妻之间的心理沟通,要理解对方的艰辛。和谐、稳定的家庭需要夫妻的共同经营,它会给司法机关人民警察提供温馨的生活环境,使之感到放松、愉悦,从而更有信心和勇气去面对工作压力。

(三) 司法机关心理保健措施

1. 开展心理健康教育,普及心理健康知识。要充分认识培养健全的人格、良好的情绪对司法机关人民警察自身发展的重要作用,把心理健康教育培训作为一门必备的常设课程,开展普遍性的心理健康知识宣传,提升司法机关人民警察心理调适的主动性。在心理健康教育中融入对积极心理学概念的普及和相关知识的讲解,同时引导个人增加积极体验,并通过体验式的课程和各类心理技术培训提升和发扬组织中个人的积极特质,从而更好地应对生活中的各种压力情景。

2. 健全司法机关人民警察的心理服务体系。习近平总书记在十九大报告中指出,要加强社会心理服务体系建设,培育自尊自信、理性平和、积极向上的社会心态。司法机关应当建立健全社会心理服务体系,强化对司法机关人民警察的心理保健工作。为司法机关人民警察建立心理健康档案,开展定期或不定期的心理健康检查,以便发现问题及时咨询、辅导及治疗。司法机关人民警察培训机构在对其开展警衔晋升等培训中,要积极构建警察心理健康服务平台。在司法机关组织开展的疗休养、健康管理项目招投标中,要提升心理培训、心理咨询和心理自助服务在整个项目中的权重比。自新冠肺炎疫情发生以来,全国监所系统都开展了封闭执勤模式,持续的封闭执勤、与家人长时间分离、高强度的工作都可能成为警察心理问题的导火索,增加发生心理危机的风险。因此,监所心理服务体系还应当涵盖对此类重大突发公共事件的应对方案。

3. 营造积极向上的机关氛围。一方面,司法机关要对利他、互助、责任等积极行为多加宣传,对表现好的警察授予一定的奖项;另一方面,司法机关应当从精神层面加以引领,弘扬好的风气和行为并提炼总结成为整个司法机关的精神。例如,浙江省监狱系统近年来实施的"安心工程""集中调休""荣休仪式"等缓解监狱民警心理亚健康状态的措施,使警察队伍更加有凝聚力和向心力。此外,也可以组织一些具体的志愿活动,活动应当符合警察的实际需求。例如,北京市天堂河强制隔离戒毒所为解决无车警察上班最后一公里问题组织开展的"爱心顺风车"活动,鼓励有车警察顺路接上需要搭车的警察,既解决警察生活中的实际困难,又创造了同事之间相互支持的积极体验,给组织注入了更多活力。

4. 改善工作环境,减少工作压力。心理健康与客观环境的压力密切相关,因此改善工作环境、减少工作压力也是解决司法机关人民警察心理健康的途径之一。在监狱方面,如改善夏天劳动场所里又闷又热的工作条件,增加一线警力,激励政策向基层倾斜,提高待遇,改革"严防死守"的旧有监管模式等。在人民法院方面,如为司法警察死刑执行人员配备"单向镜面全包式头盔",佩戴无指的半截手套,取消执行员刑后签名的规定,为死刑执行人员提供更加全面的防护。

5. 更好地落实从优待警举措以提高其生活质量。从优待警可以满足监狱民警合理的物质和精神诉求,最大限度地消除和减少引发心理失衡的外部诱因。主要方式:一是积极为司法机关人民警察创造外出学习、培训、参观等机会,为其提供能提升综合素养、展现自我才能的机会,使其在更大程度上实现自己的价值,这样可以进一步强化其进取精神,消除职业倦怠。二是提高工资福利待遇。适当考虑发放一部分特殊津贴,作为司法机关人民警察辛勤付出的回报。要将经济政策向一线倾斜,以保证一线司法机关人民警察心理上的平衡。三是关心司法机关人民警察的生活，比如，地理位置偏僻的监狱充分利用社会资源，帮助监狱人民警察解决远离市区所导致的子女就学难、就医难等问题。

学习任务三　防疫期间司法机关人民警察的自我心理防护

疫情就是命令，防控就是责任。面对新型冠状病毒感染的肺炎疫情，监狱、强制隔离戒毒所等监管场所的人民警察纷纷挺身而出，投入疫情防控的第一线。他们承担着监管改造与防疫的双重工作任务，在连续十几日封闭管理的工作模式下，民警的心理疏导显得极为重要。以下是一篇疫情防控期间的民警心理自助指南。

一、照顾好自己

1. 尽可能维持正常的生活作息。科学合理排班，保证充分的睡眠和饮食，尽量保持隔离生活的稳定性。

2. 保证通讯畅通，消除亲属和朋友为自己担心的顾虑。鼓励和促进同事间的沟通和交流，通过办公电话加强与亲属、朋友的沟通交流，缓解因在监狱封闭工作不能兼顾家庭角色和职责而出现的自责情绪。

3. 面对危机事件时，出现负性情绪是正常的。允许出现负面情绪，接受自己的紧张、害怕、焦虑、恐惧等负性情绪；理解自己的疲惫、无助、身体不适、心理压力；这是正常的反应，不要否认和排斥它们。

二、处理负面情绪

1. 减少因信息闭塞带来的心理负担。封闭期间获取社会信息虽然不畅，也不要道听途说，可通过监狱内部平台关注必要的官方信息，减少"杂音"，不让不确实的消息去造成不必要的恐慌情绪。

2. 与自我对话，自我鼓励。身为人类，我们都有一种自言自语的特殊能力，不论是大声地或无声地自言自语，你都能利用这种能力训练自己克服艰难的挑战。因此，你可以这么告诉自己："它可能不好玩，但我可以应付它""参与封闭执勤，这会是一段很重要的经历""我不能让焦虑和生气占上风""我是警察，这是我的责任和使命"。

三、树立正向思维

1. 保持对前景的盼望，即使在危急时期，也不要忽略在我们身边的美好事物。要坚信，最后的结局一定是我们战胜病毒，而不是病毒战胜我们。

2. 不要因担心自己和家人将会受到感染而感到很大的心理压力。可以提醒我们的亲人，要保持个人和家庭卫生，戴口罩以及认真洗手和消毒，做好积极的预防，以合理的积极态度看待事情。问题会带来短暂的影响，但长远而言事情最终能改善及成为过去。不能肯定将来会怎样，但这一刻我们仍然拥有健康，我们可以继续努力生活。

3. 不要只往坏处看，很多信息也许只是在"贩卖"焦虑。注意每日获取的资讯中，其实正面信息是多于负面的。留意事实和数据，根据事实判定自己的担忧是否合理。即使真的生病，也会有很多人陪伴你一起面对。

四、提高自我关怀度

1. 调整呼吸（冥想练习）：慢下来，把注意力带到呼吸上，呼吸是生命的根本，可以有意把注意力带到腹部，做几次深长的腹式呼吸。身体躺平或坐或站皆可，双手可轻松放在腹部上方，便于感受腹部凸起或凹下的感觉，尽量保持放松，目标是放松身心。想象置身于绿意盎然的大自然中，吸入清新的空气、怡人的花香；随着你的呼气，把你的焦虑、紧张等负面的情绪吐出来。深呼吸可以降低压力，改善情绪、提升注意力。每天坚持练习。

2. 打打电话：给一个你信任的亲人、朋友或者社交圈中的支持性资源打个电话。或者给你觉得可能有需要的朋友、家人打个电话，并问问他们正在做什么。有时候去支持别人也是一个帮助自己改善情绪的好办法。

3. 关注当下（静心练习）：如果你发现自己极度担心或焦虑，把注意力带回到当下。尝试把注意力放在脚上，动动脚趾，感觉脚和地面的接触感，身体跟椅子的接触。动动手指头和脚趾头。环顾一下四周，快速地命名一下你所看到的各种东西。想一想一个你爱的或者深爱你的人的面容。哼唱你喜欢的童年时的歌。这些方法可以帮助你稳定心神，不被超负荷的工作压力淹没。

4. 做做运动（行为练习）：运动的好处在于帮你减少精神上的紧张、增加心血管机能、增加自我效能、提高自信心、降低沮丧等。运动可选择室内完成的俯卧撑、八段锦、太极等；也可这样做：在身体能适应的范围尽可能剧烈地运动，时间为每次30分钟~40分钟，强度为出汗，频度为每周3~4次。

5. 五指感恩：花一点时间，写出5件让你感恩的事情，或者扳着手指头说出5件让你感恩的事情。这样做的时候，请面带微笑。研究发现，感恩练习可以让人体验到更大的平静、喜悦，拥有更健康的身体以及更深厚、更令人满意的人际关系。

6. 补充能量：如果你整日在执勤岗位上坐着，请站起来，伸展一下身体，走动走动，给脸上泼一点冷水，或者干脆洗个冷水脸，呼吸新鲜空气。如果你整日忙个不停，一定要给自己留几分钟，安静地坐一会儿，发发呆或做做"白日梦"。如果你觉得情绪化、迷惘、疲惫或者脾气有点急，你可能是饿了或者渴了，暂停，花5分钟时间休息一下，喝一点温凉的水，或者吃一点健康的小吃、水果等。

五、及时寻求心理援助

当发现自己有心理困扰和应激症状，出现严重影响工作、生活的心理问题时，要及时向监区、政工部门求助，安排休息调整或主动安排撤换，或拨打心理健康服务热线寻求心理援助，也可以向监狱心理咨询师寻求心理帮助。

案例讨论：

1. 求助者男，30岁，大学本科学历，未婚，某监狱管教员。

主诉：最近三个月来，身心疲惫，爱发脾气，心情烦躁，情绪低落，内心痛苦；人际关系紧张，多次和同事争吵；工作经常出错，效率低，对工作失去信心，对前途悲观失望。自己想摆脱现状，主动前来咨询。

个人陈述：我出生在一个温暖的家庭，读书学习一直较为顺利，司法警校非警专业毕业后，为了找一个稳定的工作，三次参加公务员考试，终于在第四次考上监狱人民警察岗位。自己在工作中很努力，就怕出现失误，就怕别人说我工作做得不好，因此尽量把工作干好。三个月前的一天，我在罪犯劳动现场执勤，突然罪犯李某违反劳动纪律，在车间乱喊乱叫，我及时过去制止。没想到李某当着那么多名罪犯的面，当场顶撞并辱骂我："老子爱喊，关你屁事，给我滚……"我当时觉得很没面子，气急败坏，上前准备拉李某到办公室，没想到他又喊："警察打人啦，我要告你，咱们走着瞧……"分监区领导发现这一幕，及时妥善处理。当时我觉得自己特委屈，自己在想："不就是管罪犯吗？我是警察，他是罪犯，罪犯就得听警察的……如果罪犯都不听警察的话，那我今后工作真没法干了！"

事后，分监区领导批评我，说我工作方式方法有问题，同事们也对我另眼相看。我自己很委屈："罪犯都顶撞辱骂我了，你们不但不支持我，还挑我的毛病！"此后，我失去了以往工作的热情，自己觉得颜面和威信全在罪犯和民警面前丢完了，有时候都觉得他们都看我笑话呢！我内心真的很痛苦，吃不好，睡不好，心情烦躁，很郁闷。自己也不和别人说话，几次因为琐事和同事争吵。几个月下来心情一直不好，工作中屡次出现失误和问题，再无兴趣参加自己喜欢的娱乐活动；回家就睡觉，也不和父母交流，不时还向父母发脾气；见到领导就躲闪，怕领导说我……我想让你帮助我，所以来找你咨询。

问题：如果你是心理咨询师，你怎么帮助求助者？[1]

2. 求助者女，22岁，是一名刚入职不久的监狱民警。由于监狱突然新冠肺炎疫情大爆发，她穿上防护服负责看管被隔离的罪犯，连续一个月没有回家了。近期突然得知父亲因病又住院了，可是她不能去看望，每天还要面对可能被确诊的罪犯，尤其是看到一些老年犯呼吸不畅时，就特别害怕，甚至想哭，她觉得自己太脆弱了，虽然她

---

[1] 参见汪永斌："一例监狱人民警察严重心理问题的咨询案例报告"，载《心理咨询师》2014年第5期。

知道自己做的事情很有意义，领导和同事都在奋战，可是她每天还是想哭，觉得自己快抑郁了。

分析：长期奋战在抗疫一线的监狱民警，如何处理好罪犯和家人、小家和大家的关系，有时候会让他们很纠结。长时间的劳累、随时存在的风险，甚至有时候罪犯的不配合和攻击，都会影响他们的心态，求助者刚入职不久，经验不足，加上父亲住院，难免会出现抑郁的想法。

建议：

1. 充分肯定自己的自身价值。增添信心和勇气，获得职业的崇高感和神圣感。

2. 积极调节自我认知。认识到人感染新冠肺炎是正常的，有基础疾病的老年犯出现各种反应也是正常的。自己不必自责，也不要有太多的情感卷入，要更好地调整自己情绪。

3. 尽量保证充足的睡眠，加强科学饮食，保持良好的免疫力。

4. 可以寻求人际支持，每天可抽出时间和家人朋友通过电话或者微信交流，与同事分享自己的感受，获得这份情感支持。

思考题：

1. 司法机关人民警察心理素质的内容是什么？
2. 司法机关人民警察心理调适的方法有哪些？
3. 防疫期间，监所人民警察如何做好自我心理防护？

学习单元十　司法机关人民警察的队伍建设

学习目标：
1. 掌握监狱人民警察队伍建设的指导思想和工作任务。
2. 了解司法机关人民警察队伍的素质要求。
3. 了解司法机关人民警察领导班子建设的基本内容。
4. 掌握司法机关人民警察队伍建设的具体要求。

学习任务一　司法机关人民警察队伍建设概述

一、司法机关人民警察队伍建设的重要性和紧迫性

司法机关人民警察担负着依法维护司法秩序、执行刑罚、维护社会稳定的重要职责。加强司法机关人民警察队伍建设，是实践依法治国基本方略的需要，是提高严格、公正文明执法水平，推动司法机关工作改革发展的根本保证。

（一）加强司法机关人民警察队伍建设是贯彻落实习近平总书记关于加强政法队伍建设重要指示的必然要求

政法机关是党领导的人民民主专政的重要工具，是保障经济社会发展的国家机器。2018年1月，习近平总书记就政法工作作出重要指示，对党的十八大以来政法战线取得的成绩给予充分肯定，对新时代政法工作提出明确要求。习近平强调，希望全国政法战线深入学习贯彻党的十九大精神，强化"四个意识"，坚持党对政法工作的绝对领导，坚持以人民为中心的发展思想，增强工作预见性、主动性，深化司法体制改革，推进平安中国、法治中国建设，加强过硬队伍建设，深化智能化建设，严格执法、公正司法，履行好维护国家政治安全、确保社会大局稳定、促进社会公平正义、保障人民安居乐业的主要任务，努力创造安全的政治环境、稳定的社会环境、公正的法治环境、优质的服务环境，增强人民的获得感、幸福感、安全感。中央的决策部署和习近平总书记的重要指示，对当前和今后一个时期司法机关人民警察队伍建设工作提出了新期待、新要求，对于进一步加强队伍建设、努力建设高素质的司法机关人民警察队

伍具有重要的指导意义。

各类司法机关要提高严格、规范、公正、文明执法水平，进一步提高执法能力，履行好维护国家政治安全、确保社会大局稳定、保障人民安居乐业的主要任务，就必须认真贯彻习近平总书记的讲话指示精神，充分认识加强队伍建设的重要性，采取更加有力的措施，大力加强司法机关人民警察队伍建设。

（二）加强司法机关人民警察队伍建设是新时代更好地推动司法机关工作改革发展的必然要求

党的十九大报告指出，中国特色社会主义进入新时代，提出了我国社会主要矛盾已经转化为人民日益增长的美好生活需要和不平衡、不充分的发展之间的矛盾。我国社会主要矛盾的变化是关系全局的历史性变化，对党和国家工作提出了许多新要求。新的形势和任务对进一步加强司法机关人民警察队伍建设提出了新的更高的要求。随着改革开放和社会主义市场经济的发展，社会经济成分、组织形式、就业方式、利益关系和分配方式日益多样化，给司法机关的工作带来了新的挑战。党的二十大报告提出了要建设社会主义法治国家，围绕保障和促进社会公平正义，深化司法体制综合配套改革，全面准确落实司法责任制，加快建设公正高效权威的社会主义司法制度，努力让人民群众在每一个司法案件中感受到公平正义。规范司法权力运行，健全公安机关、检察机关、审判机关、司法行政机关各司其职、相互配合、相互制约的体制机制。强化对司法活动的制约监督，促进司法公正。同时，随着司法体制改革全面实行，监狱布局调整加快推进，各类司法机关工作的任务更加艰巨繁重。面对新形势、新任务，只有大力加强队伍建设，不断推动工作理念创新、工作机制创新、工作方法创新，才能充分有效地发挥司法机关的职能作用，更好地促进司法工作改革发展。

（三）加强司法机关人民警察队伍建设是全面提高司法机关人民警察队伍整体素质的必然要求

随着社会主义依法治国方略的全面推行，人民群众对公正执法、严格执法、廉洁执法的要求越来越高，要求司法机关必须加强管理、严明纪律、规范行为，切实提高执法水平和执法公信力。党的十九大报告对推进新时代党的建设新的伟大工程、全面从严治党作出了系统部署，是推进政法队伍建设的根本遵循。报告指出，建设法治政府，推进依法行政，严格、规范、公正、文明执法。深化司法体制综合配套改革，全面落实司法责任制，努力让人民群众在每一个司法案件中感受到公平正义。习近平总书记指出，要建设高素质、专业化干部队伍，注重培养专业能力、专业精神，增强干部队伍适应新时代中国特色社会主义发展要求的能力。要按照这一目标，建设一支信念坚定、执法为民、敢于担当、清正廉洁的过硬政法队伍。与新时代的新要求相比，司法机关人民警察队伍的素质有待进一步提高。各级司法机关要切实增强责任意识、大局意识，抓住机遇，迎接挑战，坚持不懈地加强队伍建设，大力开展思想政治教育，加强业务培训和实践历练，不断提高队伍的整体素质和核心竞争力、整体战斗力，使广大司法机关人民警察进一步端正执法理念、规范执法行为、提高执法能力、养成良好作风，为更好地履行职责、完成使命奠定坚实基础。

二、司法机关人民警察队伍建设的指导思想和主要任务

（一）司法机关人民警察队伍建设的指导思想

高举中国特色社会主义伟大旗帜，全面贯彻党的二十大精神，以马列主义、毛泽东思想、邓小平理论、"三个代表"重要思想、科学发展观和习近平新时代中国特色社会主义思想为指导，适应中国特色社会主义进入新时代对监狱工作提出的新要求，紧紧围绕维护国家政治安全、确保社会大局稳定、促进社会公平正义、保障人民安居乐业的主要任务，牢牢把握政治过硬、业务过硬、责任过硬、纪律过硬、作风过硬的总要求，坚持中国特色社会主义政法队伍革命化、正规化、专业化、职业化方向，深入推进司法机关人民警察队伍的思想政治建设、业务能力建设、纪律作风建设，大力推进司法机关人民警察队伍的教育管理创新，努力建设一支信念坚定、执法为民、敢于担当、清正廉洁的司法机关人民警察队伍。

（二）司法机关人民警察队伍建设的基本要求

坚持党的绝对领导，把思想政治建设摆在第一位，确保司法机关人民警察忠诚可靠，坚决维护以习近平同志为核心的党中央权威；坚持把履职能力建设作为重要任务，深入推进专业化建设，提高广大干警素质和本领，确保更好地履行职责任务；坚持人民群众满意标准，始终践行执法为民宗旨，着力解决人民群众反映强烈的问题，确保清正廉洁；坚持改革创新，着力破解制约司法机关人民警察队伍建设的体制性、机制性、保障性难题，促进司法机关人民警察队伍长远发展；坚持尊重干警主体地位，把促进司法机关人民警察全面发展作为队伍建设的出发点和落脚点，激发司法机关人民警察的积极性、主动性和创造性，增强队伍生机与活力。

（三）司法机关人民警察队伍建设的主要任务

1. 加强革命化建设。大力加强理论武装，抓好中国特色社会主义理论体系特别是习近平新时代中国特色社会主义思想的学习，深化社会主义法治理念教育，加强党史国史、革命传统和形势政策教育，教育引导广大司法机关人民警察进一步坚定道路自信、理论自信、制度自信、文化自信。坚决维护以习近平同志为核心的党中央权威，严明党的政治纪律和政治规矩，牢固树立政治意识、大局意识、核心意识、看齐意识，铸就绝对忠诚的政治品格。强化思想政治工作，创新思路、改进方法，赋予思想政治工作新的生命力。

2. 加强正规化建设。深入推进执法规范化建设，加强执法检查和督察，健全完善重点执法岗位和关键环节工作制度，充分运用现代信息技术加强执法管理，进一步规范执法行为，提高执法水平。规范编制管理和警力资源配置，改进警察值班备勤模式，推行扁平化管理。扎实推进纪律作风建设，持之以恒贯彻中央八项规定精神，健全完善纪律作风建设长效机制，实现纪律作风建设的常态化、长效化、制度化。

3. 加强专业化建设。加大教育培训力度，创新教育培训方式，分类分级开展培训，突出专业技能培训，切实提高履职能力。强化岗位练兵和实践锻炼，优化"战训合一、轮训轮值"岗位练兵模式，大力开展业务竞赛、实战观摩、技能比武等，切实提高单警实战能力和队伍应急处突能力。加大人才工作力度，拓宽专业人才引进渠道，健全从司法警官院校毕业生中招录人才的规范便捷机制，加强高层次人才库建设，为优秀人才施展才华创造良好条件。

4. 要加强职业化建设。健全完善职业管理制度和机制，积极推进建立具有司法机关人民警察职业特点的职务序列，健全完善警察分类管理制度。培育司法机关人民警察职业精神，完善职业道德准则和职业行为规范，建立职业道德评价和惩戒机制，建立健全司法机关人民警察宣誓制度和职业荣誉制度，切实提高职业荣誉感。完善职业保障制度，积极争取支持，不断加强财政经费保障。坚持从优待警，认真落实从优待警各项制度，关心警察身心健康，帮助警察解决工作、生活中的实际困难。

5. 加强领导班子建设。选好配强领导班子特别是"一把手"，努力把领导班子建设成为忠诚可靠、知法懂法、业务精通、敢于担当、结构合理、团结和谐的坚强领导集体。严格规范党内政治生活，严格执行党的纪律和规矩，严格落实民主集中制，坚持党的群众路线，认真落实民主生活会和组织生活会制度，自觉按照党内政治生活准则和党的各项规定办事。加大领导干部轮岗交流力度，完善重点岗位定期轮岗制度。

6. 加强反腐倡廉建设。深入开展廉政教育，树立廉洁从警价值理念。严格落实廉洁从警制度，健全完善符合各个岗位特点的廉政风险防范制度，形成有效预防腐败的长效机制。强化监督管理，健全完善监狱领导干部监督机制，着重加强对重点岗位、关键要害部门和重点执法环节的监督。加大案件查处力度，以"零容忍"的态度严肃查处违纪违法案件。

新时代司法机关工作要有新气象新作为，要以高素质的队伍、公平公正的执法要求，为维护国家安全、社会稳定、经济发展、人民安居乐业作出新的贡献。

三、司法机关人民警察队伍的素质要求

司法机关人民警察是执法工作的主体，负责维护司法秩序、执行刑罚等工作任务，需要较高的素质。司法机关人民警察素质结构包括政治素质、业务素质、身体素质（警务实战技能）、心理素质以及文化素质。结合"党史教育""队伍整顿"的要求和各司法机关开展的执法大培训、岗位大练兵活动内容以及国家总体安全观背景下的司法机关工作实际，司法机关人民警察素质的基本内容应当包括：

（一）较高的政治素质

《人民警察法》第26条明确规定，人民警察应当具有良好的政治、业务素质和良

好的品行。所谓政治素质,是指个体从事社会政治活动所必须具备的基本条件和基本品质,它是个人政治思想、政治方向、政治立场、政治观点、政治态度和政治信仰的综合表现。

较高的政治素质是司法机关人民警察必备的条件。它包括:①坚定的政治立场和正确的政治方向。当今世界,国际形势风云变幻,错综复杂,监狱人民警察在复杂多变的国际形势中,要始终保持头脑清醒,牢记"四个意识",坚决服从中国共产党的领导,自觉维护党的执政地位,在思想上、政治上、行动上与以习近平总书记为核心的党中央保持高度一致,忠于国家、忠于人民、忠于法律,更好地担负起中国特色社会主义事业建设者、捍卫者的神圣使命。②较高的政治理论水平和政策水平。政治理论水平和政策水平是体现一个人的政治素质的标准之一,也是衡量一个人工作能力和工作水平高低的主要依据。党的十九大之后,我国社会主义事业进入了一个新时代,作为一名司法机关人民警察,要时刻紧紧把握时代脉搏,及时、全面、正确理解贯彻执行党和国家监狱工作的法律法规、方针政策,不断学习新修改的《宪法》、法律常识,学习马列主义、毛泽东思想、邓小平理论、"三个代表"重要思想、科学发展观、习近平新时代中国特色社会主义思想,不断丰富自己、完善自己。③坚持刻苦学习和勇于实践。用科学理论武装头脑,用先进的思想指导言行,坚定"四个自信",加强党性修养,树立正确的世界观、人生观、价值观,旗帜鲜明地同各种干扰、破坏行为作斗争。坚决捍卫社会主义政权,捍卫社会主义制度,坚持"三个至上",坚定对宪法、法律的信念,大力弘扬法治精神,履行好宪法、法律赋予的神圣职责。

(二)精湛的业务素质

业务素质是从业人员从事某项、某种特殊专业(职业)所需要的特定的常识、能力等有关知识的综合素质,是保障业务工作正常开展的基础。十九大报告明确提出"打铁必须自身硬",面对新时代的发展趋势,司法机关人民警察的业务素质应当包括:①熟悉工作相关的国家法律法规。从司法机关工作实际来看,司法机关人民警察作为国家法律法规的执行者、捍卫者,必须率先学法、知法、懂法,只有认真自觉学习《宪法》《刑法》《民法典》《行政法》《刑事诉讼法》《民事诉讼法》《行政诉讼法》《监狱法》《人民警察法》等与司法机关工作密切相关的法律法规,认真落实"全面依法治国"的战略布局要求,才能够确保依法执法、依法办事。②熟悉司法机关各项工作的规章制度。司法机关人民警察要从工作实际出发,认真钻研刑罚执行、狱政管理、教育改造(心理矫治)、押解、庭审、防爆处突等相关业务常识,熟练组织开展工作,凡事做到行有规矩,管有制度,负有责任,维护正常的司法秩序。③熟练掌握、准确运用庭审执法、监管改造罪犯等执法工作所需的各种岗位基本技能。以岗位练兵活动为契机,司法机关人民警察在依法维护司法秩序、执行刑罚过程中,需要具备相应的组织指挥能力、现场管理能力、教育改造能力、语言表达能力、心理咨询矫正能力、应急处置能力、公文处理能力、信息舆情控制能力、现代办公能力、突发事件防控能力等，才能适应复杂多变的司法工作的需要。

(三) 健康的身体素质及过硬的警务实战技能

健康是一个人生存、生活的前提和保障，健康的身体素质是个人最基本的素质。尤其是司法机关人民警察，扮演着教育者、管理者、执法者等多种角色，承担的工作任务重、压力大、风险高，没有健全的体魄和良好的身体素质，就失去了做好本职工作最起码的条件。此外，由于执法工作的特殊性、工作对象的复杂性，司法机关人民警察还存在着很大的职业危险，而且面临的威胁往往具有突发性和致命性。因此，除了要有良好的身体素质外，司法机关人民警察还应具备过硬的警务实战技能。

目前，我国正处在经济转轨、社会转型的关键时期，社会治安形势不断变化，罪犯的构成日趋复杂，暴力犯罪、团伙犯罪、流窜犯罪、恐怖及涉黑涉毒型犯罪等罪犯人数增加，他们的反社会意识强烈，给司法安全工作造成了极大威胁。此外，随着司法体制改革的深化，罪犯的压抑、焦虑等不良情绪滋生蔓延，容易导致偏激或过激行为。这些因素导致罪犯暴力脱逃、强行冲监、暴狱、自残、自杀等突发案件时有发生，因而要求司法机关人民警察通过素质提升、岗位练兵等活动持之以恒、行之有效地强化体能、技能训练，强化警务技能、防暴处突应急能力训练，确保广大司法机关人民警察形成强健的体魄和过硬的实战技能，不仅能够取得胜利，还能最大限度地保护自己，避免和减少无谓的伤亡，维护司法秩序的安全稳定。

(四) 良好的心理素质

良好的心理素质是人的全面素质中重要的组成部分。健康的心理是人发展的中枢枢纽，是人一生不断进取、不断探索的催化剂。司法机关人民警察具有的良好心态，不仅可以使工作效率和质量大大提高，其自身的榜样示范作用也会对罪犯的改造起到有益的推动作用。由于职业的特殊性，司法机关人民警察长期处于高风险、高压力、高强度工作环境中，容易导致心理健康水平下降，影响正常生活，也不利于工作效率的提高。另外，由于司法机关工作对象的特殊性，其心理健康状况不佳，会带来比其他从业人员更加严重的后果。如司法机关人民警察长期处于焦虑状态，就会产生遇事不够冷静的心态，或者产生过激反应，或者处理问题的方法简单粗暴等，打骂体罚或是虐待服刑人员、强戒人员，从而导致他们产生误解甚至抵触的心理和过激行为，降低改造罪犯的质量，造成不良社会影响。再者，心理健康状况不好的人民警察，会产生职业倦怠、人际关系不协调、身体健康受损等不良现象，削弱幸福指数与职业荣誉，严重影响到司法机关人民警察的生活、学习、工作等。因此，良好的心理素质是司法机关人民警察必备的条件之一，是做好执法工作的前提条件，是保质保量完成司法机关工作任务的重要保障。

(五) 合理的文化素质

文化素质，是指个体适应环境做好本职工作所必须具备的基础知识和相关专业知识，其中，基础知识是奠定司法机关人民警察素质结构的基石。较高的文化素养与专业知识是司法机关人民警察知识结构的核心，也是区别于其他行业、专业领域人才知识结构的主要标志。

目前，司法机关人民警察队伍中有相当一部分民警是从专业院校毕业的，他们接受过良好的高等教育，尤其是专业技能教育，有一定的专业知识技术能力。然而，基于社会的不断发展变化，社会对司法机关工作的要求也越来越高，司法机关的职能也发生了新的变化。随着依法治国进程的加快和司法体制改革的推进，现代司法机关人民警察需要接受掌握的知识量越来越多，知识面越来越广，知识点越来越新。司法机关人民警察的工作对象的构成日益复杂，暴力型犯罪、惯犯、累犯、团伙犯、流窜犯、涉黑型犯罪、高智商以及高学历职业犯罪呈现出快速增长之势，心理精神因素在各种刑事犯罪中的发生上也占了越来越重要的位置，运用心理学、伦理学、精神病学、教育学、社会学、信息学等专业知识对服刑人员进行心理矫治已成为重要的改造手段。服刑人员中出现的许多问题都带有明显的时代特征，要把这些带有明显时代特征的罪犯改造成为遵纪守法的公民，预防和减少重新犯罪，就要求司法机关人民警察必须具备法学、心理学、行为学、教育学等各种专业知识，才能够更好地完成所肩负的惩罚与改造罪犯的光荣而又艰巨的任务。因此，新形势下，司法机关人民警察应当通过教育、培训、实践等形成合理的文化素质结构，进而从横向方面拓宽司法机关人民警察的知识面，从纵向方面强化司法机关人民警察的专业知识，充分发挥中华优秀传统文化的育人功能和先进科学文化的示范引领作用，从根本上提高执法工作的力量。

学习任务二　司法机关人民警察队伍建设的要求

一、队伍建设的总体要求

2020年8月26日中国人民警察警旗授旗仪式上，习近平总书记向中国人民警察队伍所致的训词中有关队伍建设的"对党忠诚、服务人民、执法公正、纪律严明"四句话、十六字总要求，表达了对人民警察队伍实践要求的方方面面。一是训词中"对党忠诚"的要求，体现了人民警察"听谁指挥"的根本遵循，也体现了党性的价值导向。二是"服务人民"体现了"为谁服务"的本色，体现了人民性的价值追求。三是训词中"执法公正"的要求，体现了人民警察执法的规范要求，体现了人民警察的职业追求。四是"纪律严明"体现了对人民警察如何做警察的要求，展现着人民警察队伍形象，是人民警察职业价值追求的外显。

（一）对党忠诚

忠诚敦厚，人之根基也。忠诚是做人的基石。古往今来，人们都十分看重忠诚。

忠诚是人与人、人与组织之间信任度和依存度的基本纽带，是维系良好政治生态的重要基石。忠诚是党员干部的根本。习近平总书记指出："对党绝对忠诚，要害在'绝对'两个字，就是唯一的、彻底的、无条件的、不掺任何杂质的、没有任何水分的忠诚。"

对党忠诚，就是从政治的维度告诫人民警察队伍听谁的话的问题。中国共产党的执政地位是历史的选择、人民的选择。人民警察是党和人民的刀把子，是人民事业忠诚卫士。只有举党的旗帜、听党的话，才能在实现中国伟大复兴道路上保持正确的方向，才能在推进平安中国建设中真正维护人民利益。对党忠诚，是司法机关人民警察不变的政治灵魂。

（二）服务人民

服务人民，是从宗旨的维度告诫人民警察队伍为谁服务的问题。中国人民警察队伍是世界上唯一在警察名称前附带"人民"二字的警察队伍。这意味着代表国家行使权力的警察队伍，是人民民主专政国家的警察队伍。我们的队伍依靠人民的支持，要保持同人民的密切联系，要倾听人民的意见和建议、接受人民的监督，最根本的目的是维护人民的利益、全心全意为人民服务。

（三）执法公正

执法公正，是从法治的维度告诫我们人民警察队伍坚守何种价值追求的问题。法治是人类政治文明的重要成果，是社会追求公平、正义、自由的体现。建设社会主义法治国家，是经济发展、社会进步的客观要求，是构建社会主义民主政治的必经之路，是巩固党的执政地位、确保国家长治久安的根本保障。司法机关人民警察的工作是执法工作，通过教育增强司法机关人民警察的法治意识，保证各项规章制度的贯彻落实。要坚持维护社会公平正义，规范执法权力运行，把严格规范公正文明执法落到实处，不断提高执法司法公信力，努力让人民群众在每一起案件的办理、每一件事情的处理中都能感受到公平正义。

（四）纪律严明

纪律严明，是从作风建设的角度告诫人民警察应树立什么形象的问题。纪律严明是马克思主义政党的基本特性和宝贵品质，也是人民警察队伍的光荣传统和独特优势。司法机关人民警察队伍作为党绝对领导下的一支纪律部队，必须在纪律作风建设上有更高的标准、更严的要求。

训词蕴含着深远的政治考量、战略考量和现实考量，具有强烈的信仰感召、强大的精神激励、有力的方向指引。训词立起了统领司法机关人民警察队伍建设的"魂"，广大司法机关人民警察一定要以高度的政治自觉和强烈的使命担当，确立和强化训词对于监狱工作的指导地位，坚定熔铸训词行动自觉，奋力开创司法机关人民警察队伍建设发展新局面。

二、队伍建设的具体要求

(一) 政治建警

政治建警是我国人民警察制度运行的基本原则,是关于人民警察政治方针、政治立场、政治观点、政治纪律、政治职能等方面的根本性原则要求。政治建警是司法机关在新的历史时期必须遵循的加强政治思想工作和队伍建设的一条重要的政治原则。坚持政治建警原则,旨在把讲政治作为第一位的要求贯穿于司法机关工作之中,切实加强队伍的政治思想建设,使队伍永远保持政治坚定,站稳政治立场,把握正确的政治方向。

1. 政治建警的含义。政治建警原则包括三层含义:①始终把思想政治建设放在首位,要坚持不懈地用马列主义、毛泽东思想、中国特色社会主义理论体系武装头脑,提高贯彻落实科学发展观的自觉性和坚定性,增强司法机关人民警察的党性,提高司法机关人民警察执行党的基本路线的坚定性、自觉性,强化政治意识、大局意识、政权意识和责任意识,自觉地同党中央保持高度一致。这是政治建警的根本要求。②要在司法机关人民警察队伍中开展理想信念教育、廉洁自律教育、时事政策教育和经常性的思想教育,牢固树立马克思主义的世界观、人生观、价值观和正确的权利观、地位观、利益观,切实做到执法公正、一心为民,使全体司法机关人民警察在思想上筑起一道坚固的防线,在复杂多变的形势面前,保持清醒的头脑,自觉抵制腐朽思想的侵蚀、诱惑,始终保持人民警察忠于党、忠于祖国、忠于人民、忠于法律的政治本色。这是政治建警的必然要求。③适应新的形势和任务的需要,把加强司法机关人民警察队伍建设作为司法机关工作的重中之重,以提高队伍的整体素质为重点,强化队伍管理,促进队伍的革命化、专业化、正规化和现代化建设,努力把司法机关人民警察队伍建设成为一支信念坚定、执法为民、敢于担当、清正廉洁的队伍。这是政治建警的出发点和归宿。

2. 坚持政治建警。坚持政治建警必须把握好以下四点:

(1) 把捍卫党的领导和国家政权放在首位。司法机关人民警察所肩负的历史使命,要求干警必须把讲政治作为第一位的要求,增强"四个意识",坚定"四个自信",任何时候、任何情况下,在政治上都要站得稳、靠得住,做到政治信仰不变、政治立场不移、政治方向不偏,全面执行党对司法机关工作的政治领导、思想领导、组织领导和政策领导制度,把党对司法机关工作的绝对领导体现在司法机关工作的全过程和各方面,严守政治纪律、增强政治自觉,永葆对党忠诚的政治本色。

(2) 要紧紧围绕"四个全面"和"五位一体"搞好服务。要发展经济、壮大国力,提高人民生活水平,从根本上巩固党的领导地位,巩固和发展社会主义,巩固人民民主专政。因此要把政治建警落实在主动为经济建设创造良好的社会环境上;要研究经济建设中可能在政治稳定和社会治安方面发生的问题,制定解决的办法,增强服务的针对性和实效性。

（3）要以"人民满意不满意"作为衡量执法的重要标准。群众观点，是我们党的基本政治观点；群众路线，是我们党的根本工作路线。因此，在一定意义上讲，忽视群众也就忽视了政治，没有群众观点也就没有政治观点。在执法工作中，必须强化群众观点，树立公仆意识，把群众满意不满意作为衡量司法机关工作的标准。大力倡导群众路线，解决脱离群众的问题，真正把联系群众、为人民服务变为每个司法机关人民警察的自觉行动。同时锻炼提高做群众工作的本领，把密切警民关系作为密切党群关系的重要组成部分，作为赢得民心、强化执政党的政治基础的方法。

（4）要切实加强政工部门自身建设。政工、纪检队伍是各级司法机关抓思想政治工作和队伍建设的职能部门。在新的形势和任务下，加强这支队伍建设，对于开展好政治建警工作是十分重要的。各级司法机关要把政工纪检工作列入重要位置，按照政治坚定、公道正派、业务精通、清正廉洁的要求，配齐配强政工干部，各省（区、市）监狱局和各监狱设政治委员，监区（大队）、分监区（中队）设教导员、指导员。加强对政工干部的管理和教育培训，增强广大政工干部履行职责的能力。切实关心政工干部的政治、生活待遇。不断加大队伍建设工作的经费投入，为政工部门顺利开展各项工作提供有力保障。

（二）依法管警

"不以规矩，无以成方圆。"法律、制度是监狱政治工作的根本保障。严格管理、严格要求不能只严在口头上，要有法规制度作保障。因此，警察管理规范化、制度化是建警的基础。依法管警也是依法治国的重要组成部分。随着社会主义民主和法治建设的推进，要求司法机关工作和队伍建设也必须走制度化、法治化的道路，要把司法机关人民警察的一切活动纳入法治建设的轨道，用法律和法规来管理和约束每一个司法机关人民警察，教育他们牢固树立法律至上、对法律负责的观念。同时，我国公务员制度，《监狱法》和《人民警察法》等法律，都为我们实施依法管警提供了良好契机。

1. 依法管警的含义。依法管警是指运用法律、法规和规章等手段，对司法机关人民警察队伍实行强化管理的过程，包括立法、守法、执法和违法行为的处理，它是从严治警方针的体现、发展和完善。依法管警目标的具体内容是：在建立和发展社会主义市场经济体制的过程中，在坚持从严治警的基础上，队伍建设要继续向法治化、正规化迈进，实现依法从严治警。

2. 依法管警要做的工作。深化改革、强化管理、实现依法管警并非易事，这是一项重大的系统工程。在这个过程中要突出抓好以下两个环节：

（1）加强立法，有法可依。依法管警，首先立法，要有法可依，这是当前最迫切的任务。我们要紧紧抓住国家实行公务员制度和实施《监狱法》《人民警察法》的重要机遇,在司法部的统一领导下,上下协同,通力合作,加快建立健全整套与新时代社会主义经济文化相适应、与国家公务员制度相衔接、与《监狱法》《人民警察法》相配套、体现司法机关人民警察特点、不同于一般行政机关的队伍建设的法规和规章体系。这个体系主要包括:编制机构方面有各级司法机关编制标准、各级司法机关编制序列规定等;人事管理方面有录用司法机关人民警察实施办法、监狱人民警察辞退办法、司法机关人民警察教育培训规定等;工资优抚方面有《人民警察抚恤优待办法》(民发〔2014〕101号)、司法机关人民警察警衔津贴的实施办法、司法机关人民警察岗位津贴标准、司法机关人民警察节假日超时工作补贴制度、关于发给特殊贡献的牺牲、病故监狱干警家属特别抚恤金的办法;监督制约方面有司法机关监督条例;等等。

(2) 严格执行,配套教育。有法可依是重要的,执法必严更加重要。依法首要的问题是组织落实,因此要做到党政齐心协力,步骤、方法明确,扎扎实实地把各项规范变成每一个司法机关人民警察的自觉行为。同时,在实行依法管警的过程中,要特别强调把思想政治工作渗透到队伍依法管理的各个环节中去,教育司法机关人民警察增强法治意识,树立法治观念,自觉地遵守和维护党章、法规,保证各项规章制度的贯彻落实。

(三) 从严治警

司法机关人民警察掌握着庭审值勤、刑罚执行、教育改造罪犯等执法权,必须严格要求、严格管理、严格监督。从严治警,是司法机关人民警察队伍建设的一条重要原则,是指对司法机关人民警察队伍严格录用、严格选配、严格教育、严格训练、严明纪律、严格管理的总称。

1. 录用司法机关人民警察必须严格依法进行。凡是新警员的招收和领导干部的调入,都必须严格条件、严格考核、严格程序、严把入口关,以确保质量。

2. 准确任用司法机关人民警察。选拔、任用司法机关人民警察要坚持以实绩为主,逐步建立一套与警衔相配套的司法机关人民警察管理制度,变过去的单一委任制为选举任用、考试任用等多种形式并用的任用制度,创造一种有利于人才竞争和能使拔尖人才脱颖而出的环境,增强司法机关人民警察队伍的活力。①对各级领导干部实行任期目标责任制。根据司法机关的具体情况,确定干部不同的任职期限,同时明确规定干部在任期内所要达到的目标以及监督措施和奖惩办法,增强责任感和危机感。②在一般干警中实行岗位职务选聘合同制,在定编、定员、定岗的基础上实行竞争考核上岗。③要在专业技术人员中,按照实绩进行聘任,以事定岗,以岗定人,以职定责,以责定权,根据要求和工作需要,实行评聘分开,高职可低聘,低职可高聘,按照实聘职务享受待遇。④在管教一级的司法机关人民警察中实行管教员等级制,按照不同等级,给予不同待遇,以建立竞争激励机制。⑤对所有司法机关人民警察实行考试任用制。根据工作需要制定现职工作政治、业务素质的标准,限期提高,统一组织考试。

政治素质、业务素质均合格者,发给到岗合格证书,不合格者,调离现岗,补课学习,直到合格。

3. 严格的教育。要按照中央政法委的统一部署,开展好社会主义法治理念教育,用正确的执法理念指导执法行为。以各种行之有效的方式,继续扎扎实实抓好遵纪守法的教育。通过教育,使广大司法机关人民警察在思想上牢固确立遵纪守法观念,熟知各项纪律和规章的条文和内涵,并切实形成自觉行动,使廉政勤政在司法机关人民警察队伍中蔚然成风。

4. 严格的训练。就是对司法机关人民警察从严、从难、从实际出发进行包括纪律作风、警容风纪、警体技能、身体素质、现代化办公设备的操作等在内的业务技能训练。通过严格训练,使广大司法机关人民警察具有英勇顽强的精神、高度自觉的组织观念、不怕艰苦的战斗作风、本职岗位的业务技能。

5. 严明的纪律。根据《人民警察法》《监狱法》的有关纪律规定制定实施细则,用铁的纪律对司法机关人民警察队伍进行约束,规范其行为,切实做到令行禁止,真正把司法机关人民警察队伍建设成一支招之即来、来之能战、战之能胜的人民警察队伍。要依法管教,用法育人,用法管人,用法治人,严格贯彻落实《监狱和劳动教养机关人民警察违法违纪行为处分规定》,对滥用职权、知法犯法、玩忽职守的人民警察要坚决依法惩处。

(四) 精心育警

司法机关人民警察队伍素质的高低,不仅关系到能否把罪犯教育改造成为懂法守法的合格公民,关系到狱内的安全与稳定,而且关系到监狱事业的健康顺利发展,关系到国家和社会的长治久安。为了更好地坚持改造人的宗旨,深入实践新的司法机关工作理念,大力推进事业的全面发展,必须大力加强司法机关人民警察的教育培训,不断培养他们的业务素质和执法水平,充分提高警察个人和团队的基本素质和业务水平,以适应新形势下司法机关工作发展的客观要求,努力打造一支让党和人民信得过的司法机关人民警察队伍。

1. 深入开展执法规范化建设和岗位练兵活动,大力提高专业化水平。按照中央政法委员会的部署,在司法系统深入开展社会主义法治理念的教育和执法规范化建设活动,大力提高警察规范执法的意识和能力。按照中央的统一部署,以基本知识、基本技能、基本体能和基本职业道德风范为重点,深入开展岗位练兵活动,不断提高广大司法机关人民警察履行岗位职责的能力。在此基础上,建立健全有利于提高履行岗位职责能力和规范执法水平的长效机制,教育和引导广大司法机关人民警察牢固树立"自觉学习、终身学习"的观念,充分调动他们争做执法和改造教育型专门人才的积极性,为推进司法机关人民警察队伍专业化建设奠定基础。

2. 以提高教育改造和教育矫治能力为重点,构建专业化建设长效机制。5年内,司法机关人民警察应当接受累计3个月以上的脱产培训，新录用的警察上岗前应当接受不少于1个月的岗前培训。按照人民警察管理权限，建立统一领导、分级负责、分类管理的培训体制。依托所属警官院校建立培训基地，加强专兼职师资队伍建设。凡不承担警察培训任务的警官院校，不得列入警察编制授予警衔。培训内容要体现司法机关工作特色，重点加强教育改造、心理矫治、监所管理、警务管理、信息工程、临床医学等司法机关工作急需的专业知识和警体技能培训。积极争取地方党委、政府的支持，将警察培训经费纳入当地财政预算，建立培训经费逐年增长的长效机制。

3. 创新用人机制和环境，改善警察队伍知识、专业结构。抓住考录、选调和引进等重要环节，积极吸收符合监狱劳教工作需要的专业人才。积极创造条件，鼓励警察通过自学提高学历。重视发挥学历政策的杠杆作用，将警察自修专业选择引导到司法机关工作急需的专业上来，大力改善队伍的知识专业结构。结合建立司法机关人民警察职务序列，逐步建立高级专家人才库，实行相应的管理办法，充分发挥他们的带头引导作用。制定对改造教育工作有突出贡献的人才奖励政策，定期评选、表彰优秀教育改造和教育矫治能手，形成有利于人人自觉提高本领、争当改造教育能手的良好环境。有条件的地方，可按照《公务员法》的规定，积极稳妥地开展高级专业人才聘任制试点工作。

（五）从优待警

坚持从优待警，就是切实关心、爱护广大司法机关人民警察。各省（区、市）司法厅（局）和法院、检察院等司法机关的领导同志，深怀爱警之心，善谋爱警之策，常做爱警之事，从政治上、工作上、生活上关心、爱护、帮助广大司法机关人民警察。要积极争取党委、政府对司法机关工作的关心和重视，建立完善长效保障机制，包括经费保障机制、伤亡保险制度和医疗保险制度等，把从优待警的各项制度建立健全起来并落实到位。

1. 政治上从优。要从政治上关心爱护广大司法机关人民警察，关心干警的进步，帮助干警不断提高觉悟，注意强化干警身份意识和人民公仆观念，树立依靠干警和为干警服务的观念，加强对干警的培养，使他们找到发挥自己特长的最佳位置。

2. 工作上从优。要从工作上关心爱护广大司法机关人民警察，鼓励干警积极、主动、独立负责地进行工作。要积极解决干警工作中的实际困难，改变所谓"干警为钱干，领导靠钱管，一切向钱看，无钱玩不转"的管理方式，在提倡干警奉献精神的前提下，注意关心干警必要的、合理的个人利益。同时，对其政治上的进步、工作中的成绩，应给予充分肯定；对其缺点错误不能姑息迁就，放任自流。要积极改善工作条件，创造优美环境，使干警始终保持良好的心理状态和饱满的工作热情。

3. 生活上从优。领导者必须做到心中有干警，关心干警的冷暖疾苦，想干警之所想、急干警之所急，把干警的实际困难当作自己的困难，爱护干警。要经常深入基层，积极创造条件，帮助干警解决实际困难。为干警办实事、办好事，增强凝聚力、吸引力。要根据上级有关规定努力搞好集体福利设施，关心和改善干警的福利待遇，千方百计解决好干警生活中的实际困难，妥善处理好干警的住房、孩子入托、上学、就业等实际困难，解决干警的后顾之忧，调动其工作的积极性、主动性和创造性。

4. 实施"护警工程"。建立保护干警合法权益的组织，重点维护司法机关人民警察的合法权益，切实把维护干警正当权益作为一项凝聚警心的工程来抓，以事实为根据，以法律为准绳，积极主动地开展维权工作，探索建立保障和维护正当执法权益的工作机制。把握警察正当执法难、执法风险大等新情况、新问题，梳理执法维权的主要需求内容，在用足用好现有法律规定的同时，积极与法院、检察院等部门进行协商研究，争取制定保护警察正当执法权益的规定，依法科学界定警察执法责任，避免无限责任，增强执法的信心和勇气，营造司法机关良好的执法环境。落实干警抚恤慰问制度，按照《人民警察抚恤优待办法》的规定，对因公牺牲（病故）、致残、伤病的干警及家属及时进行慰问，对有困难的干警及时给予帮助，体现组织关怀。

（六）科技强警

科技强警，向科技要警力，是现代警务建设的新模式。科技强警就是将社会学、自然科学、工程技术学的先进理论与技术成果应用于警务建设，使警务工作更加适应新时代改革开放条件下打击犯罪、保护人民、服务社会、实现社会安定的需要。它的内涵应包括警察装备和基础设施建设的科技化、现代化，警务人员素质提高的科学化、现代化，监狱组织机构设置及管理体制的科学化、现代化等方面。提高司法机关人民警察队伍的战斗力是科技强警的终极目标。警务战斗力的形成需要组织、人员、装备等诸多方面具备先进性，而先进性首先是由其内含的科技水平决定的。先进的组织要素要有先进的警察管理理念支撑。司法机关人民警察的政治觉悟取决于对与时俱进的一系列政治理论的学习和掌握，法律、业务、技术、技能水平的提高取决于系统不断的教育和训练。警察装备的先进与否取决于其内含的科技含量的高与低，警务信息的科技化更是引发了一场现代警务革命。由此可见，科学所固有的导向性、创造性、激发性、预见性等都是科技强警的支撑。在警察工作的历史和现实中，现代科学技术不仅是经济和社会发展的直接动力，也是推动警察工作不断发展的动力。加强司法机关人民警察队伍建设，提高司法机关人民警察装备水平，树立"科技水平是警察战斗力的首要因素"的观点，实施科技强警战略已迫在眉睫。坚持科技强警，要做好以下方面的工作：

1. 要增强各级领导的科技支撑意识。要树立科技支撑的思维，把现代科技运用作为大战略、大引擎，突破人所不能、力所不及的限制，向科技要警力、要战斗力，推进司法机关工作信息化、智能化。当今社会，大数据、物联网、云计算、人工智能等创新科技是引领时代发展的风向标。这要求我们必须将科技应用作为提升司法机关工作战斗力的基础性工程和战略性工程，推动司法机关工作智能化取得突破性进展，将科技人员充实到各个岗位，全力提高全体司法机关人民警察掌握运用现代科技手段的能力，整合一切可以利用的信息资源，多角度、全方位地惩罚和改造罪犯，运用现代科技手段替代原始人工劳动、简单重复劳动，弥补人力不足、释放人力资源，提高办事质量和效率，维护社会稳定。

2. 要着力培养专业的警察科技人才队伍。人才的匮乏，尤其是懂科技的复合型人才的奇缺，已成为影响司法机关工作发展的"桎梏"。为此，坚持科学发展观，广招贤良，建立起符合时代发展需要的新的人才使用机制，是解决司法机关工作人才问题的关键。司法警官院校应责无旁贷地承担起培养警察科技人才的重任。各级院校要挖掘潜力，创造条件，切实承担起在职干警的岗位培训工作，为科技强警提供人才资源。广大司法机关人民警察必须树立终身学习的理念，绝不能满足于过去的知识和经验，对于科技知识、科学技能要勤于学习、勇于实践，主动把握科技强警的良好机遇，努力争做有利于司法机关工作科学发展的有用之才。

3. 要组建专门的警务科技管理机构。科技强警的实现，没有科技人才不行。有了专业人才队伍，就必须组建一个自上而下专门的警务科技管理机构，为他们营造一个良好的工作、科研环境。要不断改革警务科技管理部门的运行机制与工作模式，且形成一套完整的组织管理系统，进而给警务科技化提供强有力的组织保障，使警务科技工作更有稳定性和可操作性，从而更好地为各项业务工作提供科技支持。

4. 要加大警务科技建设的资金投入。科技强警是实现司法机关工作现代化的必由之路，其首要任务就是实现警察工作的信息化。建立各项信息管理系统，实现警察工作信息共享、快速反应和高效运行，是警察基础工作的一项重大改革。信息系统建设要求严、标准高、难度大，更需要一定的资金投入作为保障。此外，改善警察装备，提高科技含量同样需要资金投入。改革开放以来，我国的各项事业都在蓬勃发展，尤其是经济建设已取得长足进步，已具备了一定的经济基础。在此前提下，各级司法机关应该加大科技资金的投入，逐步提高司法机关人民警察管理与装备的现代化水平。警务建设资金投入要以科技优先为前提，树立全局和长远观念，想方设法筹措经费，有计划、有规模地进行警务科技建设。科技强警是司法机关的一项全局性、基础性、长期性的战略任务，各级监狱机关必须强化向科技要警力、要战斗力的思想，把先进的科学技术应用到各项警务工作中，努力实现警务工作从依靠经验向依靠科技转变，从人力密集型向科技集约型转变。只有切实推进司法机关的科技化、现代化进程，才能不断增强司法机关人民警察队伍维护社会稳定和服务经济建设的能力。司法机关人民警察队伍建设是个庞大的系统工程，又是项长期的战略任务，不可能毕其功于一役。因此，应该把工作重点放在经常性工作上，既要制定切实可行的长期规划，又要扎扎实实地抓紧解决当前存在的突出问题，并且把制度建设贯穿其中，追求队伍建设的整体效益和长远效果，不断把队伍建设工作引向深化。只要我们不断改革创新，勇于探索，始终坚持政治建警、依法管警、从严治警、精心育警、从优待警、科技强警，努力开拓进取，就一定能够开创队伍建设的新局面，从而推动司法机关工作再跨上一个新的台阶。

学习任务三　司法机关人民警察领导班子建设

一、司法机关人民警察领导班子建设的重大意义

毛泽东同志曾指出："只有落后的干部，没有落后的群众。"这句话从一个侧面阐明了领导班子在管理中的巨大作用。各级领导班子是一个地方和单位的中枢神经，是经济社会发展的指挥部，在各项事业发展中担负着特别重要的责任。当前，我们党正团结带领全党全国人民进行具有许多新的历史特点的伟大斗争，能不能赢得这场斗争的胜利，党的领导班子起着中坚和引领作用。司法机关的领导班子是司法机关人民警察队伍的领路人，是各项工作的具体组织者、指挥者，他们的思想水平、知识水平、工作水平和政治水平如何，直接关系到司法机关工作的大政方针能否贯彻执行，直接关系到队伍建设的前途。班子建设是队伍建设工程的钢筋龙骨，只有一个团结向上、奋发有为、拼搏进取的领导班子，才能带出一支过硬的队伍。因此，不断搞好各级司法机关领导班子的建设，是司法机关人民警察队伍建设的中心环节和首要问题。加强领导班子的建设，意义重大。只有加强监狱领导班子建设，才能做到严格执法、公正司法，完成时代赋予的重任。2018年1月，习近平总书记对政法工作作出重要指示，对新时代政法工作提出了明确要求。希望全国政法战线深入学习贯彻党的十九大精神，强化"四个意识"，坚持党对政法工作的绝对领导，坚持以人民为中心的发展思想，增强工作预见性、主动性，深化司法体制改革，推进平安中国、法治中国建设，加强过硬队伍建设，深化智能化建设，严格执法、公正司法，履行好维护国家政治安全、确保社会大局稳定、促进社会公平正义、保障人民安居乐业的主要任务，努力创造安全的政治环境、稳定的社会环境、公正的法治环境、优质的服务环境，增强人民群众获得感、幸福感、安全感。当前与今后相当长的一个时期，全国政法机关要紧扣新时代新使命，适应新矛盾新要求，推动新时代政法工作有新气象新作为，确保国家政治安全和社会大局稳定的局面进一步巩固，服务和保障经济社会发展大局的能力进一步提高，维护社会公平正义的水平进一步提升，人民群众获得感、幸福感、安全感进一步增强。加强领导班子建设，提高领导班子的整体功能，这是正确执行法律、切实贯彻执行党的司法机关工作方针政策的需要。党的十九大提出了新时代党的建设总目标，对新时代推进中国特色社会主义伟大事业和党的建设新的伟大工程作出了全面部署，

领导班子建设是这一伟大工程的关键性工程，是党的建设的"牛鼻子"，领导班子思想、组织、作风、反腐倡廉和制度建设，不仅关系到领导班子自身的提高，而且直接关系到党的各方面建设的加强。从司法机关领导班子的自身状况来看，当前有些领导班子、领导干部中还存在理想信念缺失、纪律松弛、不敢负责担当、"四风"问题严重、"为官不为"等问题，亟需采取有效措施，有针对性地加以解决。适应新形势、新任务的需要，是当前改进领导班子状况的必然要求。

二、一个好的领导班子的基本条件

根据中央组织部提出的要求，结合司法机关的具体情况，一个好的司法机关领导班子的基本条件是：

1. 具有坚定的共产主义理想信念，始终坚持司法机关是人民民主专政工具的性质，始终坚持社会主义道路，坚决拥护和执行党的路线、方针、政策和司法机关工作方针，遵守国家法律，在政治上同党中央保持一致，能开创新局面。

2. 配备适当，结构合理，符合革命化、年轻化、知识化和专业化的要求，优化年龄结构梯次配备，推进知识层次、专业素质优势配置，以及领导干部个人性格、工作作风、办事风格科学协调，充分发挥群体的优势，真正成为一个富有革命朝气和开拓创造精神、有监狱改造能力、生产专业和按科学规律办事的坚强的领导核心。

3. 是一个办事公道、光明正大、作风正派、团结一致、联系群众、廉洁奉公的战斗集体。领导班子的成员，都能从大局出发，以党的事业为重，自觉维护一班人的团结，同一切损害党的团结的言行作斗争。能时刻想着广大干警、职工，密切联系群众，全心全意为群众谋利益，不利用职权谋私利，不搞官僚主义和主观主义，自觉抵制各种不正之风。

4. 坚持民主集中制的原则，切实执行集体领导和个人分工负责相结合的制度。班子内部相互支持，齐心协力，不搞内耗，才能形成合力，同舟共济，提高班子的整体功能，搞好本职工作。

三、加强领导班子建设的途径

（一）选好配强各级司法机关领导班子

严格落实《党政领导干部选拔任用工作条例》，坚持党管干部原则，完善司法机关领导干部选拔任用机制，严把干部提名、考察、审批关。始终突出抓好领导班子这个"关键少数"，坚持正确选人用人导向，选优配强各级司法机关领导班子，特别是选好"一把手"。按照政治上强、具有领导科学发展能力、能够驾驭全局、善于抓班子带队伍、民主作风好、清正廉洁的要求，选好配强司法机关各单位的主要领导干部。实行主要领导任职资格制度。进一步优化班子知识、专业、经历和年龄结构，不断提高班子整体效能和专业化水平。领导班子至少配备1名35岁左右的领导干部，领导班子成员大学本科以上学历达到85%以上。努力把司法机关领导班子建设成为忠诚可靠、知法懂法、业务精通、敢于担当、结构合理、团结和谐的坚强领导集体。制定符合司法机关人民警察职业特点的干部考核评价办法，注重考察政治品格、法治素养、业务能力、责任担当和工作实绩，确保选拔任用的干部忠诚可靠、德才兼备。进一步加大公开选拔、竞争上岗等竞争性选拔任用干部的工作力度，完善差额选拔干部办法，不断提高选拔任用干部的公信度。按照干部"四化"方针和德才兼备原则，建设素质优良、数量充足、结构合理的后备干部队伍。

（二）从严管理领导干部

健全和落实从严管理监督领导干部制度，综合运用批评教育、诫勉谈话、通报批评、组织处理、纪律处分等形式，推动从严管理监督干部常态化。落实全面从严治党主体责任和监督责任，认真学习贯彻《中国共产党章程》《关于新形势下党内政治生活的若干准则》《中国共产党党内监督条例》等党内法规，加强对领导干部的教育管理和监督。严格和规范党内政治生活，健全党内监督体系，坚持和落实民主集中制，严格党的组织生活制度，健全民主生活会制度、定期党性分析制度，开展经常性的批评和自我批评，着力增强党内政治生活的政治性、时代性、原则性、战斗性。进一步严明党的政治纪律、组织纪律，严格按照党章、党内政治生活准则和党的各项规矩办事。进一步完善集体领导和个人分工负责相结合的制度，坚持和完善党委领导下的行政首长负责制，处理好党委集体领导和行政首长负责制的关系。健全和落实党委职责和议事规则，凡涉及重大决策、重要干部任免、重大项目安排和大额资金使用的，严格按照规定程序集体研究决定。完善各级党委（党组）会议制度，提高依法决策、科学决策、民主决策水平。加强对领导干部个人事项报告、因公出国境、兼职取酬等情况的监督检查，认真开展领导班子和领导干部年终考核工作，落实"三重一大"制度、领导干部离任审计制度、领导干部个人重大事项报告制度。

（三）加强干部培养锻炼

建立健全干部轮岗交流机制，班子成员在同一岗位任职满 5 年的原则上应当交流轮岗，满 10 年的必须交流轮岗，每次交流不超过班子成员人数的 1/3。完善执法关键岗位、人财物等重点岗位的定期轮岗交流制度。政工、纪检监察、刑罚执行、狱政管理等部门的主要负责人和执法岗位人员应定期轮岗，人、财、物等重要岗位人员要有计划地交流。加强实践经验锻炼，采取挂职锻炼、跟班带班、应急演练、蹲点调研等措施，在实战环境中锻炼队伍、提高本领。加强后备干部培养，有计划地加大优秀年轻干部培养锻炼的力度。把后备干部培养使用与干部轮岗交流结合起来，选派后备干部到条件艰苦、任务艰巨的单位、部门任职，形成有利于干部成长的政策导向。

学习任务四　司法机关人民警察基层建设

一、司法机关人民警察基层基础建设的重要性

司法机关人民警察的各项执法工作最终都是由基层组织实施，司法机关的决策和计划，只有基层组织执行得力，才可能由此收到预期的效果。如果各司法机关人民警察基层组织松散、混乱，司法机关的决策或计划的实现必然受阻，由此可见基层组织在司法机关执法活动中具有非常重要的地位。

党的司法机关工作方针、政策和法律法规、工作计划要靠司法机关人民警察的基层组织去贯彻，各司法机关"规范执法行为，促进执法公正"的专项整改活动要靠基层组织去落实。建设一支革命化、正规化、专业化、职业化的司法人民警察队伍，搞好基层组织建设是基本条件。如果说整个司法机关工作是一座高楼大厦，那么基层的工作就是大厦的基石。因此，司法机关人民警察基层建设在整个司法机关工作中具有特殊的地位，发挥着极其重要的作用。

（一）司法机关人民警察基层组织是司法机关的执法主体

以监狱机关为例，基层组织是监区、分监区，监狱的执法工作最终由监区、分监区执行，因此监区、分监区起着惩罚和改造罪犯的主体作用。具体表现在：监狱惩罚和改造罪犯的任务，最终要由监区、分监区完成。监狱行刑活动遇到的大量的具体问题，能否依据法律法规和政策解决，主要取决于监区、分监区。在对罪犯的刑罚执行过程中，对罪犯的减刑、假释、释放等刑罚的变更问题，也由监区、分监区提出权威性材料。在日常的行刑活动中，监区、分监区组织是以国家名义行使权力。上级的方针、政策、原则等能否贯彻落实，取决于监区、分监区组织。所以，监区、分监区基层组织在惩罚和改造罪犯工作中起着无可替代的主体作用。

（二）司法机关人民警察基层组织是人的潜力开发者

以人为中心的管理是现代管理的中心内容。发挥人的作用是管理的主要任务之一。司法机关人民警察基层组织并非仅仅拥有组合人的功能，它还有如何用人的问题。人力基本上表现为两种形式：物质形态的力和精神形态的力。前一种力就是现实的劳动力，后一种力则是潜在劳动力。人们常说发掘人的力量实质上是指发挥人潜在的力量，它包括人的智慧、专长、热情等。这种资源的发掘是无限的，不同的方式、方法能发掘出不同的力量。基层组织是发掘基层人民警察潜在力量的有机体，它通过量才用人、专业对口、激励奖惩、环境影响等手段极大地发掘警察的潜力，这个过程最终是精神力量化为物质力量的过程。

（三）基层组织是司法机关立警为公、执法为民的具体实施者

基层组织是司法机关文明执法的先行者。如作为监狱的具体执行操作部分的监区、

分监区基层组织,必须要先行一步,首先实现"治队法制化、监控科学化、管理规范化、待遇分级化、施教分类化、环境整洁化、生产现代化、经济效益化"。正因为监区、分监区在建设现代化文明监狱、智慧监狱中的作用,是其他单位所无法取代的,所以忽视监区、分监区基层组织的作用就会给整个监狱的建设造成障碍。如果监区、分监区基层组织警力不足、心态失衡、人才逆流、素质低下,甚至陷入瘫痪,那么势必影响整个监狱系统功能的发挥。由此可见,监区、分监区基层组织建设直接影响着监狱改造质量的提高,所以要高度重视监区、分监区基层组织建设,推动监狱事业全面发展。

二、司法机关人民警察基层基础建设的途径

(一)科学设置机构、配备警力

《司法部关于新形势下加强司法行政队伍建设的意见》(司发通〔2016〕124号)指出,"加强编制管理,按照精简机关、充实一线的要求,提高司法行政一线干警编制比例,认真开展编制使用情况的检查督查,确保专编专用。坚持科学用警,改进干警值班值勤模式,推进警力下沉,确保监狱、戒毒所一线警力还利警察总数的75%以上"。根据《司法部关于加强监狱监区、分监区和劳教所大队、中队建设的若干规定》之精神,监狱下设监区、分监区,监狱的监区设科级建制。分监区一般为副科级建制。监区可按照500名左右罪犯的标准设置,分监区可按照150名罪犯的标准设置。监区的警力配备比例为罪犯总数的3%,分监区警力配备的比例不得低于罪犯总数的8%。监区设正、副监区长和正、副教导员,分监区设正、副分监区长和正、副指导员。各监狱要严格按照此规定设置机构,精简机关,充实基层,切实保证监区、分监区警力配备的比例。

(二)加强基层组织党的建设

《中国共产党章程》规定"企业、农村、机关、学校、医院、科研院所、街道社区、社会组织、人民解放军连队和其他基层单位,凡是有正式党员三人以上的,都应当成立党的基层组织"。司法机关党的基层组织的设置,仍然是遵照以上原则。根据改造、生产、工作需要和党员人数确定,同时参照人民解放军"支部建在连上"这个原则,坚持把基层党支部建立在监区、分监区或大队、中队,正式党员不足3个的,可与邻近监区、分监区或大队、中队的党员联合组成支部。全面推进党的建设新的伟大工程,继续巩固和扩大先进性教育成果。加强基层党组织的思想、组织、作风建设,充分发挥党的思想政治优势、组织优势和密切联系群众的优势。抓好基层党组织生活制度、工作制度、党委的工作制度、基层党组织议事规则等方面规定的落实,明确基层党建工作责任制。加强党员队伍建设,加强党员教育、管理和监督,坚持学习制度,提高党员素质,强化党员意识,保证党员认真履行义务、发挥党员作用。贯彻"坚持标准,保证质量,改善结构,慎重发展"的方针,加强对入党积极分子的培训教育,做好发展党员工作。

(三) 加强基层领导班子建设

基层领导班子应当团结务实、精通业务、廉洁高效，能够率领所属司法机关人民警察完成惩罚、教育、改造罪犯及生产经营等各项任务。领导班子成员必须坚持四项基本原则，在政治上和党中央保持高度一致；具有履行职责所需的政治水平和专业知识；忠于职守、廉洁奉公、严格执法、公道正派、联系群众、为人师表。选配领导班子应注重知识、专业、年龄的合理结构，把政治素质好、作风扎实、事业心强、有一定业务水平和群众基础、具有组织协调能力、工作成绩突出的青年干部充实到基层领导班子。基层领导干部领导班子成员的平均年龄一般不超过40周岁；上岗前必须在指定的院校经过岗位培训，并取得合格证书。切实加强对基层领导班子的考核，基层领导班子每年应考核一次。

(四) 加强政治教育业务学习

司法机关人民警察基层组织应进行经常性的政治思想教育，认真开展业务培训和业务学习，并保证政治教育和业务培训、业务学习的时间、人员和质量。政治学习的内容是：马克思列宁主义，毛泽东思想，中国特色社会主义理论体系，党的路线、方针、政策，政治经济形势，法律法规，职业道德，警容警纪等。要牢固树立马克思主义的世界观、人生观、价值观和正确的权利观、地位观、利益观，自觉抵制各种错误思想的侵蚀。坚定正确的政治方向，增强政治意识、大局意识和责任意识，保证党对司法机关人民警察队伍的绝对领导，确保政令、警令畅通。认真开展社会主义和谐社会、荣辱观教育，践行社会主义法治理念，提高政策理论水平和思想政治素质。业务学习的内容以监狱机关为例，包括监狱法律法规、罪犯管理学、教育学、罪犯心理学、生产经营管理基本知识，队列指挥与擒拿格斗、武器、警戒具使用，突发事件应急处置以及其他为工作所必需的辅助知识与技能等。以强化履行岗位职责能力、增强工作执行力、适应实战为原则，以实操实做技能为重点，着重抓好履行岗位职责能力、驾驭监狱安全能力、实施科学管理、提高教育转化水平、突发事件应急处置能力、提高警察心理素质、现代警务技能及体能等方面的学习教育。业务学习应与开展岗位练兵、个别教育能手、技术竞赛等活动紧密结合，与创建现代化文明司法机关工作配套进行。

(五) 加强廉政建设

落实党风廉政建设责任制，加强廉政建设，建立健全廉政监督制约机制，狠抓职业道德、职业纪律和廉政教育，引导广大干警自觉遵守廉洁自律的各项规定，增强拒腐防变能力，严格依法办事，严格执行《中国共产党廉洁自律准则》《公务员法》《人民警察法》《监狱法》《监狱和劳动教养机关人民警察违法违纪行为处分规定》等有关党员、公务员、警察纪律要求的各项规定，秉公执法，在罪犯减刑、假释、监外执行等工作中，坚持集体研究，实行"两公开、一监督"制度，防止利用职权谋取不正当利益的问题发生。坚决反对行业不正之风，敢于同各种腐败现象斗争，自觉接受人民群众的监督，建立健全教育、制度、监督并重的惩治和预防腐败体系，提高队伍战斗力。

（六）对基层组织的人民警察实行倾斜政策

《司法部关于新形势下加强司法行政队伍建设的意见》要求："突出基层导向，建立人财物向基层倾斜的政策保障体系。完善县级司法行政机关公用经费保障标准和正常增长机制，健全稳定基层司法行政队伍政策，落实基层司法行政干警正常福利待遇，加强对基层干警的教育培训和管理监督"。同等情况下，在晋职、晋级、晋衔、津贴、住房、奖金、学习培训、家庭就业、子女入党等方面应优先考虑基层组织的人民警察。重视在基层组织发展党员。

（七）加强基层组织的后勤保障工作

完善司法机关基层组织公用经费的保障标准和正常增长机制，落实基层司法机关人民警察的正常福利待遇。建立引导优秀干警到基层干事创业的激励机制，加强对基层一线优秀干警的选拔使用，完善从基层一线选拔人才的制度，促进机关与基层良性互动。采取有力措施，为基层组织配备必要的交通、通讯、枪支、警戒具设备等。以加大基层基础投入为保障，改善基层组织的硬件设施、办公条件，全面改善基层干警的工作条件。

案例讨论：

几年来，我狱深入贯彻司法部《2011-2015年监狱劳教人民警察队伍建设规划纲要》要求，采取有力措施，加大了对警察队伍的教育培训力度。通过优化人力资源组合、人才引进、学历教育等有效手段，促使我狱人民警察队伍的整体素质有了明显的提高。但是，由于各种原因，在队伍专业化建设方面仍存在问题和不足。通过政工部门几年的总结和结合外省、市监狱的经验看，比对标准，监狱人民警察队伍专业化建设还存在一定差距。

第一，从目前干警的专业知识能力来看，我们当前干警中专门学习法律、经管、监管专业的比例还不很高；即便是学习这些专业的，具备的实用性岗位的技能仍然不足。这主要是由于干警的素质培养过程造成的，这些干警大多来自于各院校，院校的课程设置缺乏文化知识、学科知识和专业知识的统筹考虑，过于注重核心专业学科的知识，忽视了学生自我全面素质发展的要求，造成专业基础课与专业课比例过大，而与实际工作相对应的实用性课程比例过小，导致了我们的干警在实际工作中不但缺乏相关的岗位实用技能，也缺乏自我提高能力的素质。

第二，从现行的司法机关工作体制来看，由于一线干警人员配备不足，完全的专业化分工还不能实现，还有相当一部分干警一人多职，不但管理罪犯的生活，还从事罪犯教育、心理矫治等更多专业化的工作。这就对干警提出了更高的要求，要身兼管理、教育、生产多项职能，具备多种职业能力。在这样的监狱体制下，干警既承担着繁重的管理、教育任务，还承担着艰巨的经济工作任务；既是执法者、管理者和教育者，还是生产经营的组织者。这在一定程度上影响了教育改造质量，与我们所要求的专业化趋势显然是相悖的。

第三，从干警的专业发展来看，司法机关人民警察队伍状况比较复杂，绝大多数干警长期工作在司法机关工作第一线，缺乏重新接受系统学习提高的机会，面对不断涌现的新的教育改造理论、理念以及各种新的技术、技能，常常感到束手无策，无法深入学习体会，这已成为提高我们教育改造质量的障碍与瓶颈，决定了干警进修与培训的必要性、紧迫性和艰巨性。

第四，从干警的专业自主权来看，在当前的工作中，我们大都习惯于从制度的角度去规范干警的日常工作，并且，我们对干警专业职位的安排，还大多停留在组织安排的层次，干警自我选择的余地还不大。[1]

问题：结合本例中某监狱的队伍专业化建设中存在的问题，讨论加强队伍专业化建设可采取哪些措施。

---

[1] 陈连喜主编：《监狱人民警察概论》，中国政法大学出版社2018年版，第300~301页。

参考文献

1. 任莉桃主编：《警察学》，法律出版社2020年版。
2. 程琳主编：《警察法学通论》，中国人民公安大学出版社、群众出版社2018年版。
3. 高文英、邢捷主编：《警察法学》，中国政法大学出版社2017年版。
4. 冯德文编著：《警察学概论》，中国人民公安大学出版社2005年版。
5. 陈连喜主编：《监狱人民警察概论》，中国政法大学出版社2018年版。
6. 万洪云、李永清主编：《警察法学》，法律出版社2020年版。
7. 钟勇生、蔡国芹主编：《人民法院司法警察制度改革与发展研究》，法律出版社2011年版。
8. 熊磊、龚正荣主编：《人民警察职业道德》，中国人民公安大学出版社2017年版。
9. 金川等编著：《司法警察概论》，中国政法大学出版社2005年版。
10. 薛琪："司法警察死刑执行心理防护研究"，载《犯罪研究》2012年第4期。
11. 武玉荣：《防疫期间，监狱人民警察的自我心理防护》，载搜狐网，https://www.sohu.com/a/371119834_120214179。
12. 汪永斌："一例监狱人民警察严重心理问题的咨询案例报告"，载《心理咨询师》2014年第5期。
13. 陈毅雄："疫情防控期间封闭隔离戒毒警察心理健康状况研究"，载《司法警官职业教育研究》2020年第4期。